EPUB戦記

電子書籍の国際標準化バトル

小林龍生

慶應義塾大学出版会

まえがきに代えて

——二〇一〇年一〇月七日。台北。

ぼくは、鼎泰豊《ディンタイフォン》でアップルの木田泰夫さん、ＸＭＬの村田真さんと、小さなテーブルを囲んでいた。台北には、村田さんに引っ張り出されて、ＥＰＵＢ（ＩＤＰＦ＝International Digital Publishing Forumが策定している電子書籍のフォーマット）の会議に参加するために来ていた。アップルの木田さんもやはり村田さんに招集されて、クパチーノから来ていた。

台北滞在最後の晩。台湾側のホストや日本からの他の参加者を振り切って、ぼくたちは三人だけで、この世界中でもっとも有名な中国料理店の一つに来たのだった。おきまりの小籠包と紹興酒を頼んだ。

「グラスは四つね」チャーミングな若い女店員が怪訝な顔をした。四つ目のグラスにも紹興酒を注いで、それを四人がけテーブルの空いた席に置いて、ぼくたちは乾杯した。

「ヒデキに」

村田さんが、改めてしみじみと言った。

「樋浦さんが生きていたら、絶対にここにいたよね。樋浦さん抜きで、電子書籍の日本語対応機能の議論をするなんて考えられない」

会議中、折に触れて、何度も何度も繰り返された言葉だった。

ぼくたちは、ヒデキとのさまざまな思い出を語り合った。そして、今回の会議の場での熱い議論を反芻した。ヒデキならどう考えただろうか、ヒデキなら何と言っただろうか。十年前に文字のレベルで日本語を国際的な情報交換の流れに乗せるために戦っていたときと同様の高揚感が、今、縦組みやらルビやらの日本語の表現形態を電子書籍のフォーマットに組み込む議論の場にもある。ヒデキとともに戦いながら身につけてきた戦闘術を、今回ぼくたちは若い世代の仲間たちに少しは伝えることができただろうか。話題は尽きることがなかった。夜が更けて客席もまばらになった店を出るとき、ヒデキのために注いだ紹興酒のグラスはテーブルの同じ場所に、まだあった。


以上は、前著『ユニコード戦記』（東京電機大学出版局、二〇一一年）のあとがきの一部だ。それにしても、ぼくはなぜ電子書籍がらみの仕事で台湾に行くことになったのだろう。

以下は、ユニコードと並んでぼくの活動のなかで大きな比重を占める、電子書籍をめぐる出来事の記録だ。

目次

第1章　大地とその時代

1　慚愧《ざんき》

「小林クン、人の退路を断つような批判の仕方は良くないよ」

ユズさんこと柚口篤さんは、斜め後ろに立っていたぼくをちらりと振り向いて言い残すと、さっさとエレベーターに乗り込んで降りていった。ぼくは、しばらくエレベーターホールから動くことができなかった。

その日、ユズさんとぼくは、電子出版関係か何かのセミナーで、ともに講師として話をしたのだと思う。委細は覚えていない。そのころSGML (Standard Generalized Markup Language。XMLではない!)が出版業界の一部でも話題になっていた。そのSGMLについてユズさんは、SGMLそのものの問題点ではなく、SGMLの周辺技術の何かの問題点を、あたかもSGMLそのものの問題点であると受け取られるような言い方で批判した。ぼくにはそう感じられた。単なる言葉の綾だったのかもしれない。SGMLという言葉にその周辺技術をも含めて言ったのかもしれない。そのころぼくは、SGML懇談会という任意団体の会合にも顔を出していて、SGMLについての半可通な知識を持っていた。それをひけらかしたい、という思いがあったのかもしれない。有償のセミナーだった。安くはない受講料を払って来ている受講者たちに誤った情報を持ち帰らせるのはフェアではない、などという青臭い正義感もあって、そのことを質問という形で指摘したのだった。ユズさんの答えは、しどろもどろのものとなった。実際、そのようなことは、ユズさんにとっても当日の受講者にとっても技術的些末に属することで、編集・出版の実務にSGMLのような構造化文書技術を取り入れることの是非という、議論の大局にはまったく必要のないものだっただろう。

以降、気まずい思いもあって、ユズさんとの付き合いは疎遠になった。

しばらくして、ユズさん急逝の報に接した。一九九五年のことだった。ぼくは、ユズさんに謝罪して和解する機会を永遠に失った。

2　以前、ぼくも編集者だった

一九八九年九月、ぼくは小学館を円満退社し、ジャストシステムに入社した。齢《よわい》三八。すでに、けっして若いといえる歳ではなかった。ジャストシステムの創業者、浮川和宣社長が四〇歳、初子専務は早生まれで学年は一つ上だったけれど、やはり三八歳（おっと、女性に対して失礼）だった。

ジャストシステムに転じて最初に担当した仕事の一つが、のちにSuperDTP「大地」と名づけられることになる、ＤＴＰ（Desktop Publishing）システムの製品化だった。「大地」は、電子組版システムの黎明期にあって、当時としては度外れた高機能を誇っていた。そして度外れて高価格だった。今となってはその名称を記憶にとどめている人もわずかだろうが、その後のぼくの、広い意味での電子出版へのかかわりの、いわば原点ともいうべき製品だった。

思い返せば、小学館時代も含め日本電子出版協会（ＪＥＰＡ）の発足のころから、ぼくは電子出版の周縁にかかわりをもちながら齢を重ねてきた。「大地」の話に入る前に、小学館時代のことも含めて少しそのあたりのところを振り返っておきたい。

ＪＥＰＡの発足が一九八六年。三修社から日本初のＣＤ–ＲＯＭによる『最新科学技術用語辞典』が発売されたのが一九八五年。広辞苑第三版のＣＤ–ＲＯＭ版発売が一九八七年――こうして並べてみただけでも、時代の空気が浮かび上がってくるような気がする。

そしてぼく。

ソニーのＳＭＣ–７７７Ｃの発売が一九八四年。発売と同時に、ぼくは生涯初めてのパーソナルコンピューター（パソコン）を買った。そして、はまった。ＪＥＰＡ発足の一九八六年は、ぼくにとっても記念すべき年で、畏友安斎利洋を貧乏のどん底に突き落としたマンデルネット86（ひ弱な８ビットＣＰＵをいわば人的なグリッドコンピューターとして２５６台つなぎ、４Ｋ×３Ｋという巨大なマンデルブロー集合を描くプロジェクト）をやった年だ。次の年には、ぼくにとって忘れがたい安斎さんとの共著『ターボ・グラフィックス』（ＪＩＣＣ出版局、一九八七年）も発行されている。このころ、ぼくは学年別学習雑誌の編集に携わりながら、無我夢中でパソコンの世界にのめり込んでいった。なんだかんだと言い訳をしながら、仕事のうえでも少しずつパソコンとのかかわりを深めていった。

その一つが、『ＡＢＣ英語辞典』（一九八五年発行）だった。

❶『ABC英語辞典』

小学館時代、ぼくは学年別学習雑誌の編集部に属しながら、小学生向け絵入り英語辞典を企画編集した。ぼくが最初に配属された『小学六年生』には、「ドラえもんの英語教室」というページがあり、新入社員のころからぼくが担当していた。また、毎年三月号の別冊付録にはＡ６判と小さいながらも絵入りの英語辞典を付けており、これはいわば付録の目玉でたいへん評判がよかった。編集長の中村桂三さんからは、この付録を基にして単独で市販する辞書を企画せよ、という指示を受けていた。

そのころ、ぼくはパソコンに熱い関心を持ちはじめていた。しかし、結婚して長男と次男が産まれ、自宅のローンなどもあって、まだ高価だったパソコンを購入する余裕などとてもなかった。それでも、テキサス・インスツルメンツのプログラム可能な関数電卓やシャープのＢＡＳＩＣが使える電卓などで簡単なプログラミングを楽しんでいた。「ドラえもんの英語教室」の監修をお願いしていた学習院女子短期大学の五島正一郎さんと新宿のトップスという喫茶店で打合せをする折など、聞かれるままにパソコンの可能性などを話していたら、年賀状に「タモリの（宣伝する）ＦＭ-７を買いました。何とかしてください」と来た。

編集部には、読者アンケートの処理をするために、ＮＥＣのＰＣ-８８０１だったかが入ったばかりだった。ぼくは、そのＰＣ-88を使って、ＢＡＳＩＣで書かれた住所録のプログラムを基に、簡単な英文文例を入力するプログラムをつくった。氏名欄を例文に、所属欄は名詞、住所欄には動詞、電話番号欄にはその他の品詞を一つ、といった変更をほどこした程度のものだった。ＰＣ‐88（ＮＥＣ製）とＦＭ‐７（富士通製）とでは、同じＢＡＳＩＣでも微妙な方言のちがいがある。ＰＣ‐88でつくったプログラムを多摩センターの五島先生の自宅に持ち込んで、夜遅くまでプログラムの手直しをすることが幾晩か続いた。何とかプログラムは動くようになった。

半年ほどすると、五島先生が「こんなものができちゃいました」と言って、五インチのフロッピーディスクを三枚ばかり持ってきた。そこには、五島先生が英語のミステリーやアメコミから集めた、ビビッドな日常会話の例文が詰まっていた。ぼくは試しに、それらの例文に用いられている名詞、動詞、その他の単語をひとまとめにし、教育指導要領で定められた中学校で学ぶべき基本単語（そのころは四九〇語）と比較してみた。驚いたことに、五島先生が集めた例文には、基本単語のほとんどが含まれていた。含まれていない単語はたったの四つ。ぼくは五島先生に、その四つの単語を使って新しい例文をつくることを依頼した。この例文を核にすれば、辞典がつくれる。例文主体の絵入り辞典。コンセプトが固まれば、あとは一気呵成《いっきかせい》だった。辞書の前半には、五島先生の例文データベースを、基本単語のアルファベット順に並べ替えたものをイラスト入りで各ページ四コマずつ配列する。後半には、絵入り辞典として定評のある『キンダードゥーデン』（Kinderduden）にならって、台所だとか太陽系だとかいったまとまりで、おもに名詞を見開き一枚の絵で表現する。企画が成ったあたりで、ぼくは『小学六年生』編集部から『学習幼稚園編集部』に異動になった。それでも編集長どうしが個人的に親しかったこともあって、彼らの話合いでぼくは辞書の編集制作の仕事を継続した。

印刷は大日本印刷が担当した。ぼくは電子入稿を試みることを提案したが、断念せざるをえなかった。今ではとても考えられないことだが、当時のCTS（Cold/Computerized Typesetting System、電算写植システムのこと）の仕組みではパソコンとのインタフェースをとることができなかったからだ。五島先生は、ご苦労なことにドットインパクトプリンターで出力した膨大な例文原稿の行間に、発音を示すためのルビと和訳を手書きで書き込む、という面倒きわまりない作業を押しつけられることになった。組版は活版で行なった。そのころはまだ、写植による欧文組版に対して一日の長がある、というのが一般的な評価だった。その少し前のことになるが、小学館が手がけた大部の『ランダムハウス英和辞典』なども、活版で組んだものの清刷《きよずり》を八〇％程度に縮刷して原版フィルムを焼きオフセット印刷する、という手法が用いられていた——そんな時代だった。

この『ＡＢＣ英語辞典』（図１・１）は、初版一〇万部という強気の部数設定だったにもかかわらず、好評を得てすぐに増刷が決まった。それどころか、ぼくが退社したあとも、例文読み上げのＣＤを付け加えたりしながら、ごく最近まで版を重ねることができた。今から思うと、この『ＡＢＣ英語辞典』は、コーパスベースの辞書編集の先駆的なものの一つではなかったか。それも、原編者が執筆段階からデータベースを用いるという、時代の先を行く編纂方法だったように思う。並べ替えることで新たな価値が生まれる、ということに気づかされたという意味でも、この企画はぼくにとってとても重要な一歩となった。

後日談を一つ。ずっと後になって、アカデミズムとは無縁の天才ＩＴアーキテクト、檜山正幸さんから聞いた話。少壮の日本史研究者となった五島先生のご子息と会った際、「研究者になれたのは小

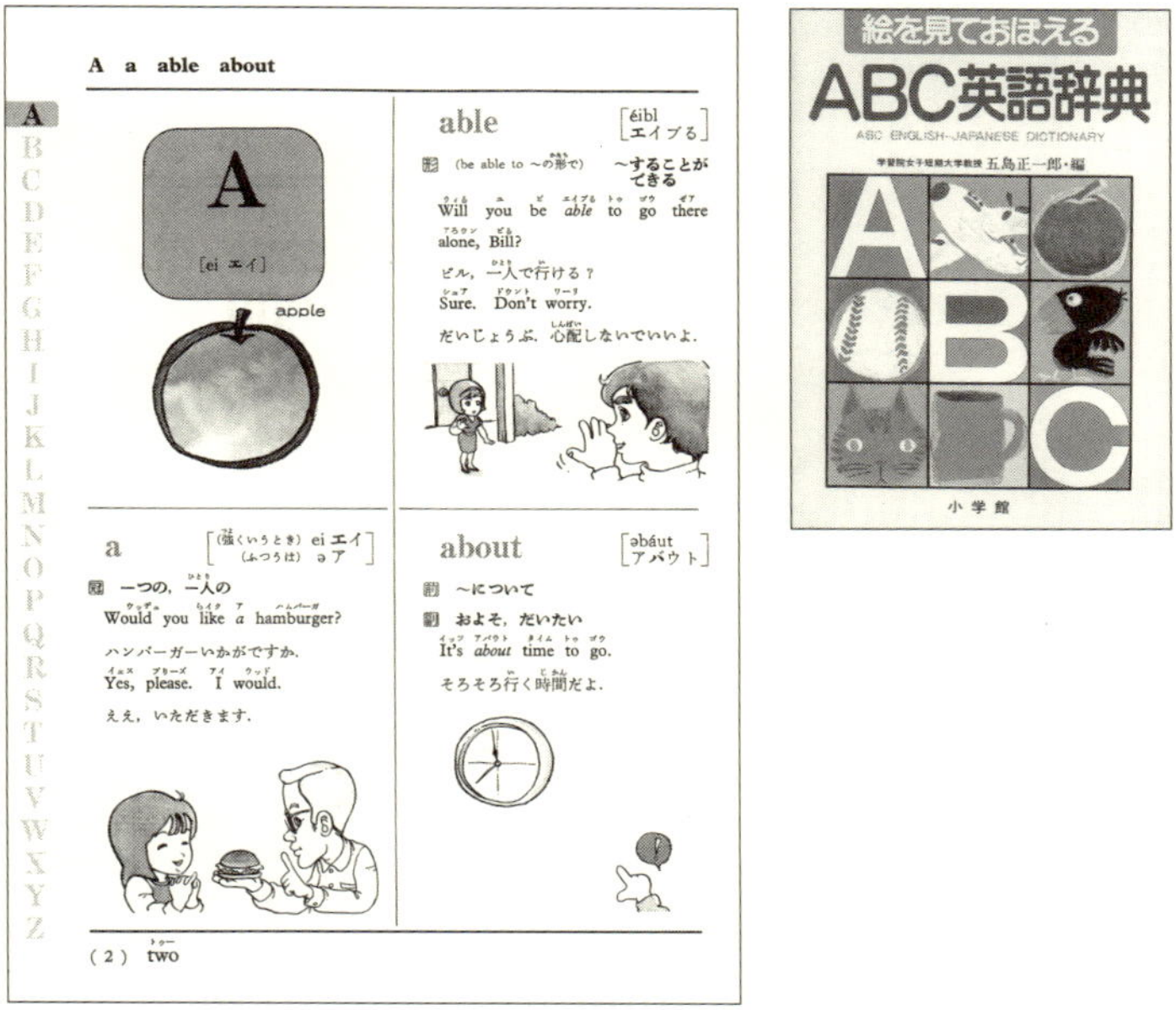

図 1.1　『ABC 英語辞典』

林さんのおかげだ。彼は研究者としてのぼくの恩人だ」といった趣旨のことを言われたらしい。『ＡＢＣ英語辞典』の印税は、五島先生のご子息たちの教育費として有効に活用されたようだった。

❷「花子」の部品と『デュエット辞書』

小学館在籍当時から、ぼくはいくつかの教育とコンピューターにかかわる研究会に顔を出していた。ジャストシステム入社のきっかけとなったのも、そのような研究会の一つで後にマイクロソフトに転じて一太郎とＡＴＯＫ《エイトック》攻撃の陣頭指揮を執ることになる真柄泰利さんと出会ったことだった。スマイルと言ったかしら、その研究会に真柄さんがいた。

「小林さん、こんど、一太郎のバージョン3と一緒に、花子という図形ソフトを発売するんです。このソフトにはイラストなんかの部品を扱う仕組みが入っているんですが、何かおもしろいことできませんか？」

ぼくはそのころ、教育編集部（主として小中学校の教師向けの月刊誌を担当していた）が出版していた教師向けのイラスト集を製品化することを提案した。これが当たった。アプリケーションの総売上げ本数としては「一太郎」のほうが「花子」より圧倒的に多かったが、「花子」に占める学校関係者の割合は「一太郎」をはるかにしのいでいた。明らかに、教師向けイラスト集の存在が、「花子」そのものの教育市場における売上げを押し上げていた。今でいうクリップアート。有償のクリップアートとしては、この製品群が世界でもおそらく最初期のものだった。

小学館の社員として、ぼくはもう一つ、ジャストシステム製品の製品化にかかわっている。『デュエット』（Duet）という、日英ワードプロセッサー（ワープロ）に添付される英和・和英辞典。アプリケーションに辞書引きの機能を付けるのは、ジャストシステムのエンジニアにとってはわけのないことだった。しかし問題は、そこに添付する辞書コンテンツ。今では時効だと思うし、製品化に至ることもなかったからバラしてしまうが、そのころジャストシステムでは多くの若手社員が、版元の許可を得ることもなく、市販の辞書をせっせと手入力していた。

真柄さんや、当時ジャストシステムの営業や製品企画を一手に引き受けていた坂東直樹さんも、さすがに、これではまずい、と思ったのだろう。ぼくに相談してきた。当時発行されたばかりの『プログレッシヴ英和辞典』と『プログレッシヴ和英辞典』の電子化利用契約を結ぶことを提案し、事なきを得た。データの受け渡しも、電子データで無事完了することができた。余談だが、『デュエット』発売にあたっては、特装版の『プログレッシヴ英和辞典』を特典として添付することも提案し、なにがしか小学館の売上げにも貢献した。

❸ CD-ROM版『広辞苑』

『ABC英語辞典』と『デュエット辞書』の経験は、ジャストシステムに入社して、これまたすぐに担当を命じられた『広辞苑』のCD-ROMを「一太郎」から検索できるようにするという仕事に存外役に立った。

そのころ発売されたばかりのCD-ROM版『広辞苑』を、「一太郎」から有機的に検索できるようにするという計画は、ぼくの入社前にジャストシステムと岩波書店との間で合意ができていた。今から考えると、これも技術的にはそれほど難しいことではない。しかし、紙の辞書の制作データを基とし検索閲覧のみを目的とした独立したCD-ROMと、文書を作成する際さまざまな局面で参照されるアプリケーションと連動した電子的な辞書とでは、その閲覧単位の切り分け方一つとってもさまざまな可能性があって、なかなか仕様の焦点が定まらない。というか、そのころはどのような使い方がされるかということすら、想像することが困難だった。

そして、外字《がいじ》の問題。そのころのパソコンは、シフトJISに準拠したMS-DOSで動いていた。JIS X0208に含まれる漢字は、第一水準と第二水準を合わせて約六〇〇〇字。『広辞苑』には膨大な外字が含まれていた。この外字をどのような方法で扱うかも、頭の痛い問題だった。

ぼくは、担当エンジニアの西田時彦さんと語らって、そのころのSGMLで規定されていた「外部実体参照」という手法を用いることにした。すなわち、個々の外字に固有の識別子を付けておき、本文には〝&koujien****;〟といった形式で、アンパサンド（&）とセミコロン（;）で囲ってその識別子をテキストとして埋め込んでおく。そして、表示の際には、この書式に出合ったら、識別子に相当する外字のグラフィックデータと置き換えて表示する（図1・2）。

この方法は、規格としてXML（Extensible Markup Language）やHTML（Hypertext Markup Language）にも継承され、今でもシフトJISベースで構築されたウェブページに、ユニコード（Unicode）の符号位置を埋め込んでおいて表示する、といった目的にも使われている。ずっと後になって、二〇〇五年にベルリンで開催された国際ユニコード会議で発表した〝Enhancing Unicode Expression with Interlinear Annotation and Replacement Characters〟と題するInterlinear Annotation Tagを用いた外字ソリューションも、元はといえばこのアイデアが源になっている。

❹ JEPAとのかかわり

小学館も、発足当初からJEPAに加盟していた。ぼくは、窓口となっていた先輩社員に頼み込んで、折を見つけてはJEPAの会合やセミナーに参加していた。そこで、柚口篤さんや、三修社の前田完治社長（故人）らの知遇を得た。そういえば、今のJEPA会長の関戸雅男研究社社長や講談社の金子和弘さんも、マンデルネット86のメンバーだったなあ。古きよき時代。小学館時代にJEPA

文字参照を使わない

ぼくの名前に含まれる《龍》という字には、多くの異体字がある。常用漢字では《竜》と書くが、じつはこれは中国の古字。中国の簡体字では《龙》と書く。

文字参照を使う

ぼくの名前に含まれる《龍》という字には、多くの異体字がある。常用漢字では《竜》と書くが、じつはこれは中国の古字。中国の簡体字では《龙》と書く。

```
<!DOCTYPE html>
<html>
<head>
<meta charset="utf-8" />
<title>龍 - EPUB 戦記</title>
<link rel="stylesheet" type="text/css" href="dragon.css">
</head>
<body>

<h2>文字参照を使わない</h2>
<p>ぼくの名前に含まれる《龍》という字には、多くの異体字がある。常用漢字
では《竜》と書くが、じつはこれは中国の古字。中国の簡体字では《<span
lang="zh-cn" xml:lang="zh-cn">龙</span>》と書く。</p>
<h2>文字参照を使う</h2>
<p>ぼくの名前に含まれる《&#40845;》という字には、多くの異体字がある。
常用漢字では《&#31452;》と書くが、じつはこれは中国の古字。中国の簡体字
では《<span lang="zh-cn" xml:lang="zh-cn">&#40857;</span>》と
書く。</p>

</body>
</html>
```

図 1.2　文字参照の例

上の枠内が html ファイルをブラウザで表示させたもの、下が html ファイルのソース部分。文字参照を使う場合、〈龍〉、〈竜〉、〈龙〉は、“龍”、“竜”、“龙” と指定する。

を通して知遇を得た人たちが、ジャストシステムに入ってからのぼくの活動に大きな力を貸してくれることになる。

3　矢野直明さんとの出会いと、コンピューターで書くということ

❶　矢野さんとの出会い

書架に『パソコンと私』（福武書店、一九九一年）という本がある。ASAhIパソコンの初代編集長だった矢野直明さんが、一九八八年九月の創刊当初から続けていた編集長インタビューをまとめたものの。

矢野さんの知遇を得たのは本当の偶然だった。たしか、一九九九年二月だったか。ずっと以前から私淑《ししゅく》していたデジタル分野での知的財産権に関する研究で名高い名和小太郎さんが、日本印刷技術協会（JAGAT）のセミナーでデジタル著作権について話されるという。そのころ、ひつじ書房の松本功さんに触発されて、マルセル・モースの『贈与論』などを手がかりに「投げ銭システム」のことを考えていたぼくにも、JAGATの担当者から話をしないかという声がかかった。名和さんと同列などおこがましいので、前座なら、という条件で引き受けた。

名和さんとは、そのときが初対面だった。セミナーのあと、一人のオジさんがつかつかと演壇に近づいてきて、

「朝日新聞の矢野です。一度、ユニコードの話を聞かせてください」

と言った。そのころ、新聞や雑誌などのメディアでは、大方は誤解に基づくユニコード批判がまだくすぶっていた。ぼくは、そんな批判を鵜呑みにした予断に満ちた取材に、いささか辟易《へきえき》していた。

「いいですけど……」

その場では、曖昧な返事に終わった。セミナーのあと、名和さんを囲んで軽い食事をした。朝日新聞の矢野さんという人もその場にいた。

後日、矢野さんから取材申し込みのメールが来た。ぼくは、参考文献のリストとともに「取材に応じるのは結構ですが、せめてこれとこれとこれぐらいには目を通したうえでお願いします」といった、いささか木で鼻を括ったようなメールを出した。メールを出した直後、何だか矢野という名前が引っかかって、書架を見て愕然とした。書架には、福武書店から送られてきた矢野直明著『パソコンと私』が鎮座していた。げげげっ、あのＡＳＡｈＩパソコンの矢野さん。絶句！　パラパラめくってみると、梅棹忠夫さんや紀田順一郎さんを筆頭に、まさに綺羅星のような人たちへの珠玉のインタビューに満ちていた。後悔先に立たず。

矢野さんからは、「ジャーナリストは、目隠しして空中ブランコを飛ぶようなもので、自分が知らないことを手探りで探っていって、それでも何とか向こう側のブランコに手が届くのが、ワザというものだ」といった趣旨の返事が来た。矢野さんとぼくは、有楽町の旧朝日新聞社屋にあった記者のためのラウンジのようなところで会った。矢野さんは、担当していた「ねっとアゴラ」というページにスペースを割いて、ユニコードに関するぼく自身の原稿を載せてくれた。

爾来、矢野さんは、ぼくにとって掛け替えのない先達の一人となった。時には名和さんも交えた歓談のときは至福としか言いようがない。

❷ 知的生産の道具としてのパソコン

その矢野さんの『パソコンと私』を改めて開いてみた(図1・3)。梅棹忠夫の名前がある。紀田順一郎さんの名前がある。木村泉さんは、『ソフトウェア作法』(カーニハン、プリューガー著、共立出版、一九八一年)や『プログラム書法』(プリューガー著、共立出版、一九七六年)の訳者で、『ワープロ作文技術』(岩波新書、一九九三年)の著者でもある。のちにATOK監修委員のお一人として加わっていただくことになる荻野綱男さんも。パソコンの黎明期、矢野さんはこのような人たちにインタビューしていたのだ。人選を見るだけでも、その慧眼に驚かされる。一部を引用する。

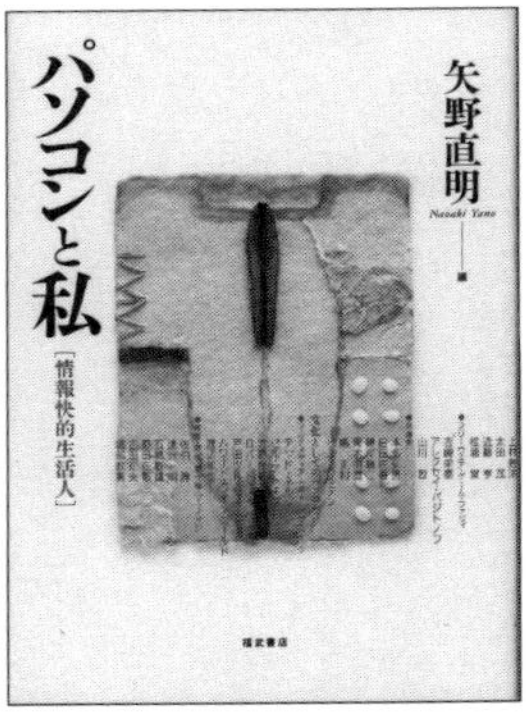

図1.3　『パソコンと私』

矢野　日本語の矛盾の中に、表記法が確立していないということがありますね。

梅棹　それがたいへん大きい問題です。長い間、日本語は表記法の確立を怠ってきたんですが、これがだいぶ軌道に乗りかかっていた。これをワープロがひっくり返した。表記法は確立しなくてもいい。漢字制限なんかいらんという思想になった。だけど漢字があるためにどんなに日本文明が損しているか分からんでしょう。そういう問題がぜんぶふっとんだわけです。

矢野　英語のワープロはジャスティフィケーションとかハイフォネーション、あるいはスペルチエックなど、いろいろな機能がありますね。日本語の場合も、表記法が確立していれば、それに合わせたりできるんだけれども、いまおっしゃったように、ワープロは矛盾を矛盾として合理化したから、いよいよ具合が悪くなっているわけですね。(20頁)

矢野　ワープロを使うようになって、文章の書き方などに変化はありましたか。

木村　私も「知的生産の技術」にかぶれた口ですが、文章を書こうとして、ウーン、ウーンといっているうちにアイデアが飛んで行ってしまう。そうだカードはいい、とさっそくカードを買い込みましたが、日本語はわりと欠陥が多いというか、たとえば「は」と「が」の使い分けが難しい。「は」が二つ来るのがいやだとなると、文の構成をガラっと変えなくてはいけない。だからメモだけでは駄目で、細かいところまで書き込んで、それを寄木細工のように組み合わせるのがいいですね。ワープロを使う前は、紙をたくさん用意して、そこにセンテンスをきっちり書いて、いろいろつなぎ合わせた上で、それをこいのぼりのように壁に貼りつけて推敲していました。我が「壁法」ですが、清書するのが大変でした。いまはそれと同じことが、ワープロで簡単にできます。(30頁)

紀田　わたしは、歴史・書誌関係の仕事が多いんですが、年号を変換するのが面倒でしょうがない。明治四五年が西暦何年だ、もう少し遡って、江戸時代とか中世になると、さらにやっかいでね。元号から西暦、西暦から元号へと、いっぺんで変換できるソフトがほしいですね。元号に賛成か反対かなんてちょっと別の問題で（笑い）、現実に必要なんですよ。

矢野　ワープロの辞書については、二つの考え方がありますね。一つは、いまのワープロは何でもかんでも漢字に変換してしまうから、文章に漢字が増えた。これはワープロ反動だ、すぐに漢字に変換しないソフトを作れ、という梅棹忠夫さんなんかの意見です。もう一つは、紀田さんもそうだと思いますが、推挽、杜撰、憂鬱、冤罪、隔靴掻痒、一瀉千里などなど、ちょっと特殊な字になると辞書に入っていないことが多い。これは不便だ、もっと辞書を充実すべきだという意見です。

もはや一つの辞書だけで論ずることはできないんでしょうね。一方にあらゆる漢字が入っている辞書が有り、他方に常用漢字程度しか使えない辞書がある、あるいは元号変換ができる辞書もあるといったように、分けて考えないといけないでしょう。

紀田　旧仮名遣いで変換する辞書なんか簡単にできるようですしね。これを作れば、研究者や図書館員を引きつけることができる。モード切り替えでやれるようにしてほしいですね。

罫線とか、カッコとか、グラフなんかより、もっと言葉に焦点を合わせてほしいですね。ワープロで俳句や和歌を作る人は、旧仮名遣いや特殊な用語を使いたいんですよ。いまのワープロソフトでは、正確なローマ字も書けません。Oの上に棒を引っ張ったりできないんですからね。いちいち外字登録するんじゃ大変だし、学校の先生が一番不自由しているんじゃないですか。

矢野　もっと徹底すると、「紀田順一郎の辞書」というのがあっていいですね。あるいは「だれだれの辞書」とかね。

紀田　そうですね。それに辞書の中身を公開しないといけません。（70頁）

矢野　ワープロで印字された文書は、肉筆が持っている個性のようなものが感じられず、だから嫌いだという人もいます。

荻野　それはありますね。ぼくは手紙もワープロで打ちますが、そのときは、書く内容に気を配ることで、肉筆の持つ温かみに対応しているつもりです。ワープロなりパソコンが普及してくれば、印字に対する抵抗もなくなると思います。パーソナルな手紙をワープロで打っている人が増えましたからね。（92頁）

インタビュー相手の選択自体から、矢野さんのそのころの問題意識が明確に浮かび上がっている。なによりも瞠目すべきことは、矢野さん（だけではなく、インタビュイーも含めて）の意識の中に、梅棹忠夫さんの『知的生産の技術』が色濃く反映していることだ。

『知的生産の技術』――一九六九年刊の岩波新書。おそらくは、歴代の岩波新書のなかでも屈指のベストセラーにちがいない。ぼくも、刊行当時、夢中になって読んだ。一九七〇年に大学に入学して、生協の売店で京大式カードとそのボックスが売られているのに胸をときめかせた。専門課程に入ってからは、すべてのノートを京大式カードでとるようになった。梅棹さんが「知的生産」という言葉で示そうとしている内実の多くは、今のぼくの関心からすれば「知的生産活動」としての「書記」、すなわち小松英雄やガウア（Arbertine Gaur）の謂《いい》を借りれば「情報の蓄蔵」ということになる。知的生産とは、書記技術を用いて情報を蓄蔵することに他ならないのだ。

それにしても、ここに抜き出した対話の断片は、ぼく自身も含め日本語の書記技術をデジタル装置に置き換える営為にかかわった者たちが、その後の四半世紀にわたって挑みつづけてきた問題圏をものの見事に言い当てている。思いは次々に広がっていく。のちにＡＴＯＫ監修委員会の座長としての活動につながる紀田さんの発言など、その問題意識の明晰さとその後の個々具体的な問題に対する考え方との一貫性という意味でも、舌を巻かざるをえない。

木村泉さん。彼が訳した『ソフトウェア作法』（「作法」と書いて〈さっぽう〉と読ませていた）など、ぼくは夢中になって読んだものだ。お目にかかったことはないが、矢野さんとの会話からは、氏の日本語の文章に対する美意識がひしひしと伝わってくる。そしてそれは、そのまま、美しい（すなわち効率がよく正確に作動する）プログラムを書くという美意識と見事なまでに一致している。ドナルド・クヌースが自らの著書の組版を行なうためにTeX《テフ》を開発したのと同質の熱意を感じる。

そして梅棹忠夫。ぼくは小学館時代、先輩編集者に連れられて、京都で行なわれた村上陽一郎・梅原猛両氏との鼎談を傍聴したことが一度だけある。ずっと後になって、矢野さんの口利きが契機となって、いくつかの大学で情報と社会や産業の関係を講じるようになって、『知的生産の技術』と並ぶ歴史的名論文「情報産業論」（『放送朝日』、朝日放送、一九六三年）を教科書として使うようになった。

❸ コンピューターを使って書くということ

思い出の連鎖は限りがない。しかし、今ここでは、『パソコンと私』の矢野さんの次の一文を手がかりに、そのころのワープロの状況を、日本語書記システム（もしくはその欠如）という観点から振り返っておこう。

矢野　印字スタイルにもう少し気を配るべきですね。A4判の紙に横組みで一行四十字、それを四十五行ぎっしり印字し、しかも改行が一つもない、あるいは行間より字間の方が空いているといった例が結構ありますが、人に読んでもらう工夫がほしいと思います。『ワープロ文章作法』、『美しいワープロ手紙の書き方』とかいったガイドブックがあっていいかもしれません。（92頁）

そのころのワープロの出力物と市販の雑誌や書籍では、二次元の空間に組み上げられた文字の読みやすさ、という点でも雲泥の差があった。ちょっと再現してみよう。A4判、縦置き、横組、一〇・五ポイントのフォントで四〇字×四五行。上下左右のマージンはおおむね二〇ミリ程度。フォントも、アウトラインではなく、それぞれのパソコンやプリンターごとに16ドットや24ドットの専用のドットマトリックスフォントを搭載していた。パソコンとプリンターのフォントが異なり、ディスプレイに表示された字形と印字された字形が異なることが日常茶飯に起こっていた。文章の強調表示も、縦倍角、横倍角、四倍角といった、ドットマトリックスフォントを単に整数倍に拡大印字するぐらいしか手立てはなかった。

一方、ぼくが携わっていた学年別学習雑誌でも、カラーのグラビアページなどの文章では、角ゴシック系のフォントを12級11歯送りといったように、やや字間を詰めて組み、縦の線をはっきりさせて読みやすくする、といったことが日常的に行なわれていた。デザインに敏感な雑誌や出版物の世界では、杉浦康平や戸田ツトムらの名うてのグラフィックデザイナーたちが、誌面づくりの覇を競っていた。そのような目で見ると、いかにも字間がぱらついていて、けっして読みやすい代物ではない。いっそのこと左右のマージンを大きくとり、字間がベタになるようにしただけで、ずっと読みやすくなる（図1・4）。

そんな時代だった。それでも、一部の先取の気概を持った人たちは、少しずつワープロを知的生産の道具として用いはじめていた。和文タイプライターに代わる清書機械としての専用ワープロから、知的生産の道具としてのパソコンへ、そんな地殻変動の予兆があった。とはいえ、そのような先進的な人たちのなかにも、大きく分けて二つの流れがあったように思う。エディター派とワープロ派。

そのころ、職業として文章を書く文芸家やジャーナリスト、研究者の一部に、「mifes《マイフェス》」というテキストエディターと、「松茸」（管理工学研究所）や「ＡＴＯＫ」（ジャストシステム）といった仮名漢字変換システム（当時はＦＥＰ＝Front End Processor とよばれていた）を組み合わせて文章を書く人たちが現れていた。当時の貧弱なＣＰＵパワーのもとで処理の遅い複雑な操作に煩わされることなく、思考の流れをよどみなく入力していくためには、単純で軽快に動くツールを組み合わせたほうが効率がいい、という考えが背後にあったように思う。

ぼくは、鼎泰豊でアップルの木田泰夫さん、XML の村田真さんと、小さなテーブルを囲んでいた。台北には、村田さんに引っ張り出されて、EPUB（IDPF = International Digital Publishing Forum が策定している電子書籍のフォーマット）の会議に参加するために来ていた。アップルの木田さんもやはり村田さんに招集されて、クパチーノから来ていた。

台北滞在最後の晩。台湾側のホストや日本からの他の参加者を振り切って、ぼくたちは三人だけで、この世界中でもっとも有名な中国料理店の一つに来たのだった。おきまりの小籠包と紹興酒を頼んだ。「グラスは四つね」チャーミングな若い女店員が怪訝な顔をした。四つ目のグラスにも紹興酒を注いで、それを四人がけテーブルの空いた席に置いて、ぼくたちは乾杯した。

ぼくは、鼎泰豊でアップルの木田泰夫さん、XML の村田真さんと、小さなテーブルを囲んでいた。台北には、村田さんに引っ張り出されて、EPUB（IDPF = International Digital Publishing Forum が策定している電子書籍のフォーマット）の会議に参加するために来ていた。アップルの木田さんもやはり村田さんに招集されて、クパチーノから来ていた。

台北滞在最後の晩。台湾側のホストや日本からの他の参加者を振り切って、ぼくたちは三人だけで、この世界中でもっとも有名な中国料理店の一つに来たのだった。おきまりの小籠包と紹興酒を頼んだ。「グラスは四つね」チャーミングな若い女店員が怪訝な顔をした。四つ目のグラスにも紹興酒を注いで、それを四人がけテーブルの空いた席に置いて、ぼくたちは乾杯した。

図 1.4　ワープロ出力の例

40 字× 45 行の例。上がそのまま出力したもの、下が字数と行数はそのままに字間を詰めて左右のマージンを大きくとったもの。

他方の、ワープロ派は、A4判ならA4判での出力イメージを念頭において文章を書いていく、というスタイル。設定を縦書き四〇〇字詰めの原稿用紙にし、その原稿用紙のイメージを表示したうえで縦書きで原稿を書いていく、というのがこちらのスタイルの極みだった。

夏目漱石が朝日新聞社に入社し、新聞小説の連載を始めるにあたって、『吾輩は猫である』などを装幀した画家の橋口五葉にデザインを依頼して、当時の新聞小説の字詰めに合わせて一九字×一〇行の原稿用紙を特注したことを、ずっと後になって知った。『三四郎』から『こころ』『明暗』に至る近代小説の連峰が、現代にまで及ぶ日本語文体の礎となったことは疑いをえないが、その文体の彫琢《ちょうたく》の過程で、この一九字詰めの原稿用紙が何がしかの役割を果たしたこともまた忘れてはならない。

著者が書いた姿で読む、読者が読む姿で書く、という関係が、著者と読者の間の一つの理想型であることもまた疑いをえない。書くこととはそういうことであり、読むこととはそういうことなのだ。多くの文章読本の類が、文章の練達のためには名文を写せ、それも四〇〇字詰め原稿用紙に写せ、と説いている。曰《いわ》く、そのことにより筆者の息遣いや筆勢がわかる、云々。ぼくも実践してみたことはある。名文を写せば、それだけで達意の文章が書けるようになるとも思えないが、通常の一行四〇字程度で組まれた書籍で読むのとはまた別の印象を受けることも、これまた事実ではある。

このような文章を書くスタイルのちがいは欧米にもあった。かたや、「WordStar」という元来はプログラミングなどに使う、まさにエディターソフトを使って、文章をガンガン書いていく、というスタイル。かたや、一九八四年に発売されたアップル社のマッキントッシュ（Macintosh、通称マック）に代表される、WYSIWYG（What you see is what you get. 見たままが得られる）というコンセプトで、書く環境と読む環境を視覚的に一致させるというスタイル。

このWYSIWYG派を象徴するようなエピソードを一つ。ボイジャージャパンの設立が一九九二年一〇月のことなので、たぶんこの年のことだと思う。ぼくは、萩野正昭さん、浜野保樹さん（故人）とともに、マルチメディアコンテンツで著名だったボイジャー（Voyager）社の創立者、ボブ・スタイン（Bob Stein）に会ったことがある。そのころ、萩野さんがボブに呼応してボイジャージャパン（Voyager Japan）を設立する準備を進めていた。浜野さんの仲介があって、浜野さん、萩野さんとともにボブに会いに行った。その場でボブが「Expanded Book」の最初の三つのタイトルを見せてくれ

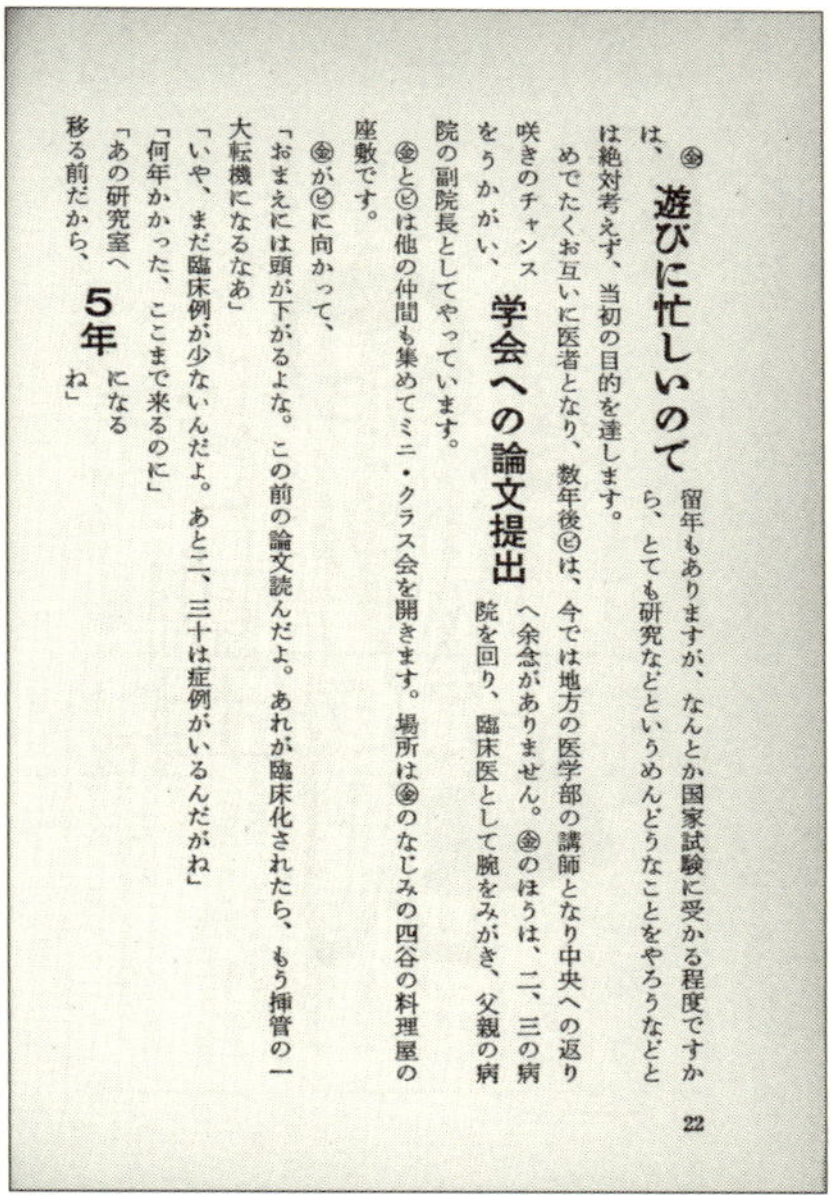

22

㊎は、**遊びに忙しいので**留年もありますが、なんとか国家試験に受かる程度ですから、とても研究などというめんどうなことをやろうなどとは絶対考えず、当初の目的を達します。

めでたくお互いに医者となり、数年後㋪は、今では地方の医学部の講師となり中央への返り咲きのチャンスをうかがい、**学会への論文提出**へ余念がありません。㊎のほうは、二、三の病院を回り、臨床医として腕をみがき、父親の病院の副院長としてやっています。

㊎と㋪は他の仲間も集めてミニ・クラス会を開きます。場所は㊎のなじみの四谷の料理屋の座敷です。

㊎が㋪に向かって、

「おまえには頭が下がるよな。この前の論文読んだよ。あれが臨床化されたら、もう挿管の一大転機になるなあ」

「いや、まだ臨床例が少ないんだよ。あと二、三十は症例がいるんだがね」

「何年かかった、ここまで来るのに」

「あの研究室へ移る前だから、**5年**になるね」

図 1.5　『金魂巻』

た。〝Annotated Alice〟、〝Whole Earth Catalog〟、〝Jurassic Park〟。今から振り返っても、見事なほどに電子書籍の未来形を先取りしたラインアップだった。その〝Jurassic Park〟を見せながらボブは、著者のマイケル・クライトン（Michael Crichton）が「自分がマック上で書いたのと同じ環境、同じフォント（パラチノ）で、読者に自分の作品を読んでもらえるようになった」と喜んでいた、と誇らしげに語っていた。

　筆者が書いたのと同じ視覚表現で読む、ということでは、そのころおもしろい流行もあった。二倍角や四倍角ドットフォントを用いたワープロの強調表現が、ある種、時代の表現として用いられる例が散見されるようになっていた。『金魂巻』（渡辺和博・タラコプロダクション著、主婦の友社、一九八四年）という本がある。刊行当時、おもしろく読んだ。先般、ふと思い立って、アマゾンを通して古書として購入した。前ページのような組み方をしている（図1・5）。このようなタイポグラフィーも、なにやら時代の空気を感じさせる。ワープロの機能制限から生まれた表現が、時代のスタイル感覚を産む、とでもいえばいいのだろうか。

——二〇一五年五月一二日。大船の小料理屋。

矢野さんから直接、『パソコンと私』のインタビューをしていたころの思いを聞きたいと思った。

久しぶりに矢野さんと、ぼくが住む横浜の戸塚と矢野さんが住む鎌倉の間の大船で一献傾けた。矢野さんは、ＡＳＡｈＩパソコン創刊前に手がけたという、別冊科学朝日のＡＳＡＨＩパソコンシリーズという一連のムックを見せてくれた。そのなかに『おもいっきりデスクトップ・パブリッシング』と題されたものがあった（図1・6）。一九八七年一〇月号。

ああ、こんな時代だったんだ。さまざまな思いが一気に吹き出した。このムックには、ＤＴＰサンプル集のセクションがある。セク

図1.6 『おもいっきりデスクトップ・パブリッシング』（別冊科学朝日 ASAHI パソコンシリーズ）

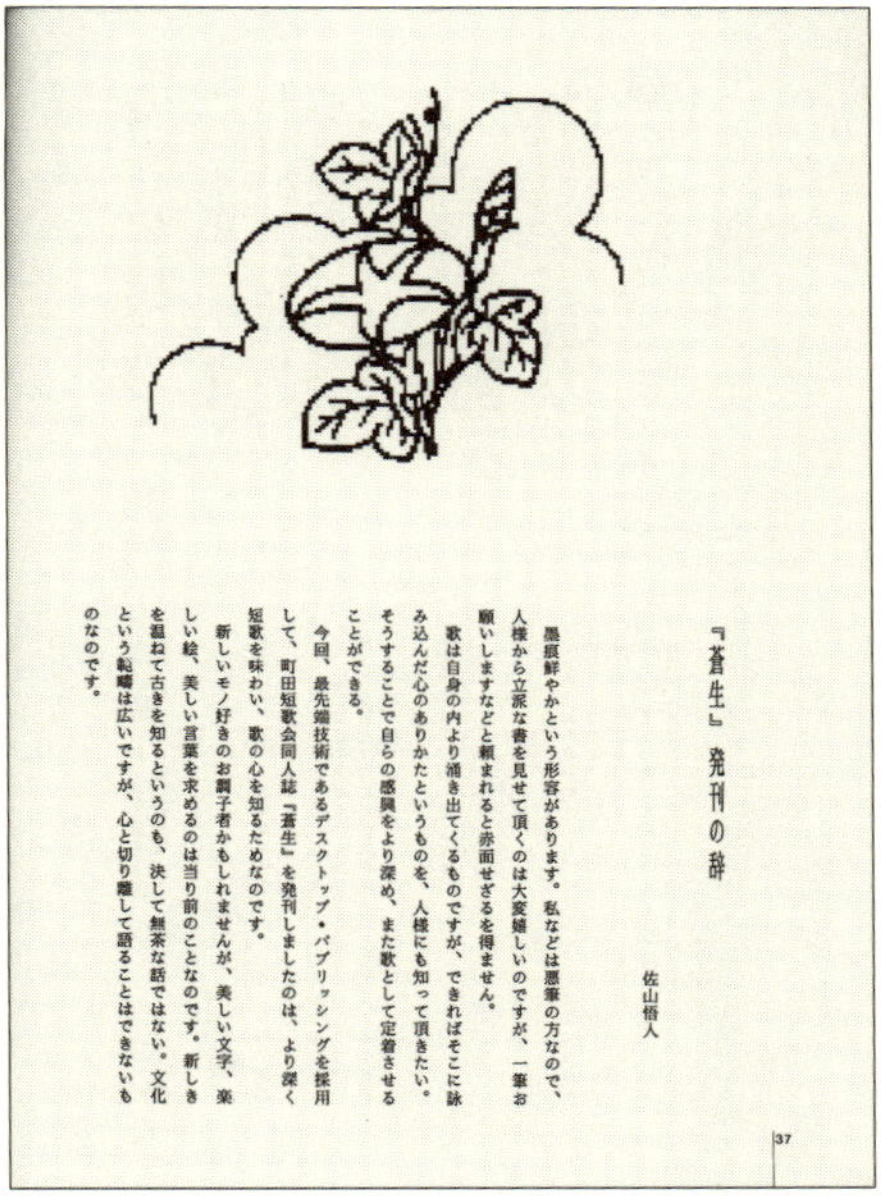
『蒼生』発刊の辞

佐山悟人

墨痕鮮やかという形容があります。私などは悪筆の方なので、人様から立派な書を見せて頂くのは大変嬉しいのですが、一筆お願いしますなどと頼まれると赤面せざるを得ません。
歌は自身の内より涌き出てくるものですが、できればそこに詠み込んだ心のありかたというものを、人様にも知って頂きたい。そうすることで自らの感興をより深め、また歌として定着させることができる。
今回、最先端技術であるデスクトップ・パブリッシングを採用して、町田短歌会同人誌『蒼生』を発刊しましたのは、より深く短歌を味わい、歌の心を知るためなのです。
新しいモノ好きのお調子者かもしれませんが、美しい文字、楽しい絵、美しい言葉を求めるのは当り前のことなのです。新しきを温ねて古きを知るというのも、決して無茶な話ではない。文化という範疇は広いですが、心と切り離して語ることはできないものなのです。

37

図 1.7　『蒼生』発刊の辞
（『おもいっきりデスクトップ・パブリッシング』所収）

ション全体のとりまとめを小田嶋隆さんが担当している。矢野さんのいちばんのお勧めが、「一太郎と花子で作った短歌同人誌『蒼生』」というもの（図１・７）。このサンプル、したがって架空のものを見て「どうすれば手に入るか」という問い合わせがあった、と矢野さんは懐かしそうに話してくれた。そうなんだよな、このころの、そして、今でもぼくのなかでは、微動だにしない確信なのだが、ＤＴＰとは本来、このようなものであったにちがいない。

矢野さんの手による編集後記。

これまで机上でやってきたのと同じルーティン・ワークを、

パソコンを使って、より速く、より効果的に行うことができる。そして、その延長線上に、デスクトップ・パブリッシングがあるのだ。だれもがデスクトップでやっている仕事を、パブリッシュ（出版）できる、というわけで、そこにはコミュニケーションの機会を飛躍的に拡大できる、といった意味も含まれている。

ずっと後になって、手がけることになる「一太郎文藝」でぼくたちがめざした世界を、矢野さんははるか以前から見据えていた。そして、だからこそ、その当時のワープロ出力の質に対して、根源的な問題提起をしたのだった。

4 「大地」のテクノロジー

❶ SuperDTP「大地」の開発

そんな時代のなかで、「大地」チームはユーザーのイメージを収斂《しゅうれん》させるためにもがいていた。ぼくは、そのころ読んだジョン・スカーリーの自伝『オデッセイ』のなかで、スティーブ・ジョブズがジョンをアップル社に誘ったときの殺し文句、「一生砂糖水を売って暮らすのがいいか、時代を変えるのがいいか」をもじって、「一生馬糞紙にインクを染み込ませたような雑誌を作って暮らすのがいいか、時代の変革にかかわるのがいいか」などという思いを抱いて、ジャストシステムに転じたのだった。

ジャストシステムで浮川夫妻から与えられた最初の仕事が、SuperDTP「大地」の製品化だった。「大地」は、技術的には三つの大きなシードから構成されていた。すなわち、①高精細度の大型ディスプレイ、②同じく高精細度のレーザープリンター、そして、③当時徳島大学工学部教授だった赤松則男教授が提唱する曲線補完理論に基づくアウトラインフォント生成技術。なかでも、アウトラインフォント技術への浮川夫妻の期待はとても大きく、早々と専用のＡＳＩＣ（Application Specific Integrated Circuit、特定用途向け集積回路）の開発まで行なっていた。

これらのハードウェアの上に、「一太郎」とＡＴＯＫで培った日本語処理機能を搭載すれば、最先端のＤＴＰシステムになる、というのが浮川夫妻の計画だった。しかし、いざ市場に出す製品としてまとめあげる、となった途端、即座にさまざまな難問が目の前に立ちはだかることになった。そもそも、ＤＴＰという言葉を認知する市場そのものが日本にはまだ存在していなかった。

❷ 澤田善彦さんと印刷技術の継承

ぼくたちは「大地」の産みの苦しみを味わっていた。一方にいわゆるワープロ専用機やパソコンを使った知的生産としての書記活動の台頭があり、一方で印刷工程の一環としてのページネーション電子化の胎動があった。そうしたなかで、「大地」の製品コンセプトはそのどちらの動きに軸足を置くかで揺れ動いていた。ＤＴＰシステムを、先に触れたエディターかワープロかという軸の上でワープロの発展形として知的生産の道具として捉えるか、はたまた印刷工程の一部、いわゆるページネーションのための生産財として捉えるか。ＤＴＰと名を付けても、ターゲットとするユーザー層と使われる場面の可能性は千々に発散していた。そのなかでユーザー層と利用方法を絞り込むことに、ぼくたちは四苦八苦していた。

しかし、どちらに軸足を置くとしても、製品化にあたって解決しなければならない課題は山積していた。なかでも、デジタルフォントの書体数を増やすことと、アプリケーションソフトウェアの機能をそのころ主体だった電算写植の機能に近づけることは、喫緊の要請だった。

この両面で、計り知れない力をさしのべてくれたのが、澤田善彦さん（故人）だった。そのころ、澤田さんはCTS工場長を最後に大日本印刷を退社し、リョービイマジクスの取締役として、写真植字機の開発や新しい書体の開発にその豊富な経験を存分に生かしていた。ぼくがジャストシステムに入社したとき、ジャストシステムと澤田さんとの関係はすでに始まっていたので、ぼくはそのきっかけをつまびらかにはしない。しかし、つい先日まで現役の編集者だった中途入社のぼくは、職人肌の印刷人である澤田さんにとっては憎からぬ者に思えたようだった。

「だから、編集者はだめなんだよなあ、なんにも現場を知らないんだから」

耳に痛い言葉だった。しかし、ぼくは内心で、同年代の編集者としては、という前提を置きながらも、それなりに印刷の現場を知っている、という自負があった。

小学館でぼくがかかわっていた学年別学習雑誌は、いわば印刷・製本技術のデパートだった。児童や女性タレントの顔写真を中心とした六色刷りの、書店店頭でも一目でわかる独特の表紙に始まり、四色グラビアやオフセットのページ、二色や一色のオフセットページ、そして、マンガを中心とした活版ページ。巻末の学習記事のページは、まだ活字を拾って組まれていた。そして、別冊付録や組み立て付録。印刷用紙の大きさと判型の関係から組み立て付録の型抜きのことまで、コスト計算も含めて多くの経験を積むことができた。さらに僥倖《ぎょうこう》だったことに、月刊雑誌の編集部に属していながら、在職中に、作曲家小倉朗の『なぜモーツァルトを書かないか』という小学館創造選書と、先にあげた『ABC英語辞典』の企画編集にまで携わることもできた。おかげで、単行本や辞書の編集制作過程も、ひととおりは経験することができた。

それだけに、ぼくにはぼくなりの自負があった。しかし澤田さんは、そんなぼくの鼻っ柱を見事にへし折ってくれた。というか、澤田さんもぼくの印刷技術についての知識をそれなりに評価してくれていたのではないかと思う。そのうえで惜しげもなく、その永年の経験を踏まえた「現場の知」をぼくに伝えてくれた。組版のこと、フォントのこと。

余談になるけれど。サイエンス社の『数理科学』昭和六二年五月号（図1・8）の編集後記。小学館を退社した前後、小学館時代に仕事をお願いしていた編集プロダクションの編集者が『数理科学』の編集にもかかわっていた機縁で、この編集後記を紹介してくれた。書かれたのは編集人の村松武司氏。バックナンバーを一冊もらったのだが、いつのまにか手元に見当たらなくなってしまった。しかし、この一文は、忘れたくても忘れられない印象をぼくのなかに残した。東京電機大学出版局に在籍していた

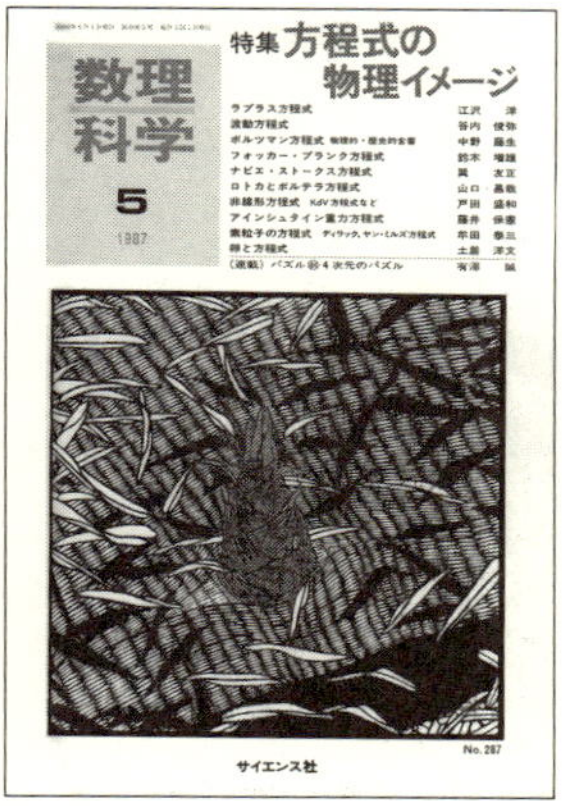

図 1.8 『数理科学』
(昭和 62 年 5 月号表紙)

ころの浦山毅さん（本書の編集者）に頼んで、大学図書館の書庫に潜り込んで探し出してきた。引用してみよう。

●編集後記

前号「量子力学と先端技術」の最終の校正刷をみて、印刷所の校正室を出ようとした。印刷会社の課長のNさんが椅子から立ちあがってこう言った。

「とうとうこれが最後の活版印刷になりましたね」。不意の言葉だったが、胸にこたえるものを感じる。ながいあいだ、金属で作られた文字である活字の本を読み、それを使って出版し、おかげで食べてきた活版印刷が、前号で終った。

感傷も多少あるが、思いだせばキリがない。印刷所の事務室のまんなかに、大きな机を据えつけ、活字母型を虫メガネでながめ、いかに美しい書体に改良してゆくか工夫をこらしていた印刷所の親父さん。また兜のような新聞紙の折紙で作った帽子をかぶって、老眼鏡を鼻の先に下げて、並んで活字箱を突ついていた、まるで鶏舎のニワトリのような文選工、そして植字工。だいたいが声が大きく、気性が激しく、真黒に汚れていたが、ひと風呂浴びるとイナセな男衆たちに一変した。休日にたまたま急ぎの校下があって着流しのまま角帯を巻いて印刷所に立ち寄ったとき、手を叩いて喜んでくれ、正しい角帯の締め方を教えてくれたのは、築地界隈の工場の労働者であった。はにかみやで、物識りで、理論家ぞろいの彼ら。ほんとうは、わたしは、工場の現場の奥まで立ち入るのが怖かった。印刷と出版のノウハウがそこにあり、わたしたち若かった編集者のそれは、頭と口先のものだったのがわかったからだ。わたしたちは印刷をそこで教育された。そして出版とは、印刷そのものであった。

このような職場から作り出された出版物であったが、いま出版・印刷の企業合理化によって、活版が消え去ろうとしている。なくなることはないであろうが、激減しつつある。このことは、かつての感傷風景が消えるだけではすまないものがあるかもしれぬ。するどい、カミソリが削いだような楷書スタイルをもった金属の活字が、まさに刻印し、強制してきた文字の意味内容も、抵抗感も薄らいでゆく。あるいは古い慣れはやがて新しい慣れに変わるという単純なことかもしれない。

いずれにしても変化し、新しい印刷に移ってゆこうとするとき、かつての懐しい仲間たちにお礼を言わなければならない。ありがとう！　Old Black Joe。（村松）

ぼくにも記憶がある。進行が遅れ、休日出勤して出張校正や刷り出し立ち会いのために、製版所や印刷所に出向く際、よく一升瓶を二本、酒屋に荒縄で括ってもらって持参した。現場の職人さんとの二言三言のやりとりから、編集部でデスクの前に座っていたのではけっして得ることのできない、生の知識を得ることができた。

もう一つ、この編集後記を紹介してくれた編集者から聞いた話を思い出した。この編集者は文芸誌の編集にもかかわっていた。若いころ、目次を担当した折のこと。文芸誌の目次は「観音開き」といって、折り込みを左右に開いて都合四ページで構成するのが常道だ。たいていの号は記事の本数も決まっており、前号どおりのパターンで入稿すれば、そう難しいことはない。ところが、ある号で、記事の本数が増えた。さまざまに組指定を工夫して入稿するのだが、何度入稿しても「この指定では組めない」と言って突っ返されてくる。その編集者は、最後はほとんど泣きそうになりながら「お願いですから何とか収めてください」と書いて、ラフな指定で入稿した。校正刷は、見事なほどぴったりと従来どおりの版面に収まっていた。

そう、このエピソードを聞いたときに、そういえば、といった感じで、この編集後記を見せてもらったのだった。「大地」の販促に使う組見本が欲しくて、旧知のこの編集者を訪ねたのではなかったか。記憶は定かではない。しかし、この編集後記は、今に至るまで、印刷出版にかかわることを考える際に「現場の知」を忘れないための貴重な拠り所となっている。

ずっと後になって、JLreq（Requirements for Japanese Text Layout、W3C＝World Wide Web Consortiumの技術ノート）をつくった折、曲がりなりにも小林敏さんや小野澤賢三さんという校正や印刷のプロとの間に会話が成立したのは、澤田さんの厳しい薫陶があったからだとつくづく思う。

澤田さんの微に入り細を穿《うが》った組版上の要求を、佐尾山英二さんをはじめとするジャストシステムの若い技術者たちが、コンピューターのプログラムとして実装していった。まだ、世界的にもＤＴＰが黎明期にあった時代だった。

❸ 赤松理論の問題点

デジタルフォントも、今のような標準的なフォーマットがあったわけではない。ベジェ曲線を基本にしたものやスプライン曲線を基本にしたものなど、ソフトウェアのベンダーやフォントベンダーごとにさまざまなフォーマットが林立していた。そうしたなかで世界的には、マイクロソフトのフォーマットとアドビ＋アップルのフォーマットが地歩を固めつつあった。この二つのフォーマットがオープンタイプとして統合されるのはずっと後になってのことだ。

これらのフォントフォーマットの根幹は、ベジェなりスプラインなりの曲線補間のアルゴリズムに他ならない。そして、ベジェ曲線とスプライン曲線は数学的には完全な互換性を保っている。ところが、浮川夫妻が惚れ込んでＡＳＩＣまで焼き込んでしまった赤松理論には、一つ大きな問題点があった。基本的な原理はベジェ曲線やスプライン曲線と等価で、かつ曲線補間を二分割を繰り返して行なうことでビット操作による処理を容易にしたものだったが、端点の処理が他社のベジェやスプラインと決定的に異なっていた。

そのころ、活字母型の開発販売を行なってきた企業が、少しずつではあるがアウトラインフォントの字母のライセンス販売にも動き出していた。通常、それらのデータは、イカルスシステムという専用装置のフォーマットで開発され、そのフォーマットで流通していた。イカルスフォーマットをベジェやスプラインに変換する技術も確立していた。ところが、専用ＡＳＩＣまで開発してしまったジャストシステムとしては、そのような汎用的なフォーマットでフォントデータを購入することができず、字母の印字データそのものを入手して、それを独自にアウトライン化しなければならなかった。これは、コスト負担という点で大きなディスアドバンテージとなった。

プロ用システムとして不可欠な書体の多様化の必要性と独自フォーマットのしがらみ——ぼくは、

小学館時代に培ったコンピューターグラフィックスの素養を生かして、赤松方式とベジェやスプラインとの変換アルゴリズムを考え、仲間のエンジニアがそれを基にした変換プログラムを書いてくれた。残念ながら、先に触れたように曲線の端末処理の問題があったため完全自動というわけにはいかなかったが、手仕事による修正を最小限に抑えることができた。

デジタルフォントの開発は、すぐれて労働集約型の仕事だった。ジャストシステムには、フォントチームとして二、三〇人の若い社員がいた。ジャストシステムオリジナルのフォントと「大地」の核となるリョービの本明朝の開発が一段落した時点で、ぼくはフォントチームの解散を浮川夫妻に進言した。それはまさに、業務形態のリストラクチャリングそのものだった。フォントチームは解散となり、そのメンバーは社内のさまざまな部署に散っていった。せっかく培われたジャストシステムのアウトラインフォント技術は、まさに時代のあだ花として雲散霧消してしまった。

❹ 二つの慣習のはざまで

フォントとともに「大地」のアプリケーション開発に大きく立ちはだかったのが、従来の印刷業界での組版の慣習と、「一太郎」や「ワード」などのいわゆるワープロの慣習の相違だった。純国産のワープロである「一太郎」といえども、やはりその原型は欧米型のワープロ、もっと遡るとタイプライターの文化にあった。一方、印刷業界の慣習はといえば、市販の書籍や雑誌を制作するためのものだった。個人の知的生産を支援するための道具と、大量の印刷物を製造するための技術の相違。たとえば、版面《はんめん》の設計の仕方一つとっても真逆だった。ワープロが基本的に上下左右のマージンを先に固定して字詰め・行詰めを決めていくのに対して、日本の印刷業界では、まず活字の大きさと何字何行詰めで行間がどれほどかという版面を決定して、それで構成される長方形を印刷する紙の上に置くような方法を採る（図１・９）。

どちらの方法でも、アプリケーションの開発に大きな差が出るわけではないが、それらの数値を決定するパネルのデザイン、用語の決定からして、ジャストシステムの開発者の側と澤田さんとでは、意見が真っ向から異なっていた。そして、それらの用語の選定方針は、商品化する製品の販売対象や使用目的と見事なまでに連動していた。新しいＤＴＰシステムをどのような人たちに対してどのような目的のものとして売っていくか。侃々諤々《かんかんがくがく》の議論が、開発陣だけではなく、経営者や営業担当者も含めて繰り返された。

最終的には、浮川社長が決断した。SuperDTP「大地」――この名前付けがすべてを物語っていた。当初、デスクトップパブリッシング（Desktop Publishing）という言葉は、アップル社のマッキントッシュとともに世に広まっていった。そこにはＷＹＳＩＷＹＧという理念がＤＴＰと不即不離のものとして伴っていた。72 dpi（dot per inch）を基本とするディスプレイとプリンター。それは1ドット＝1ポイントという欧米の活字設計の単位と完全に一致していた。今から見れば、72 dpi のプリンターではドットイメージがはっきりわかり、いわゆるジャギーも見え見えでとても使いものにならないように思われるが、当時はそのジャギー感そのものがデジタルのイメージと一致して、一つのデザイン意匠として存在感を主張していた。

ワープロについても同じようなことがあった。横倍角、縦倍角などの活字の大きさ。そのころのド

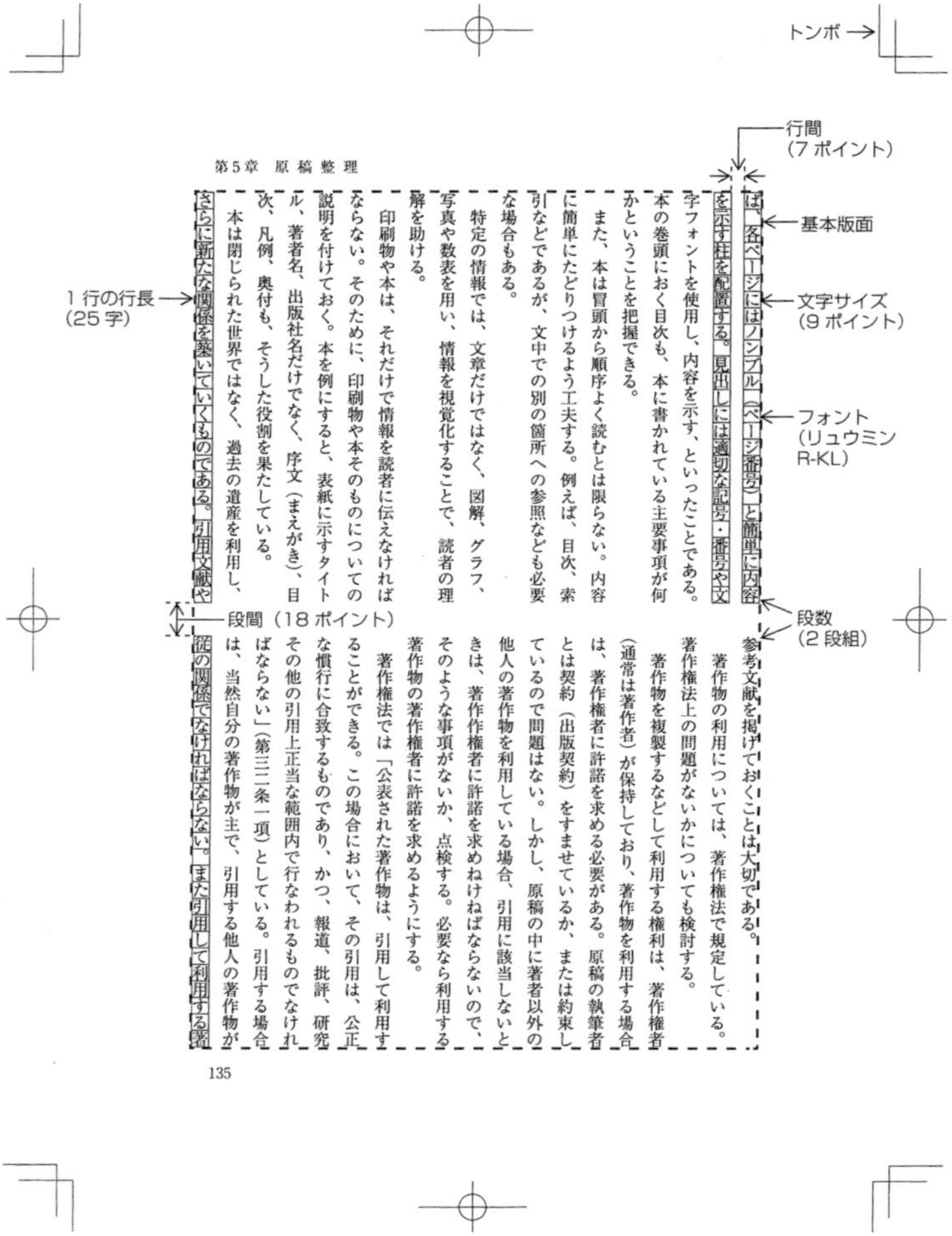

第5章　原稿整理

ば、各ページにはノンブル（ページ番号）と簡単に内容を示す柱を配置する。見出しには適切な記号・番号や文字フォントを使用し、内容を示す、といったことである。本の巻頭におく目次も、本に書かれている主要事項が何かということを把握できる。

また、本は冒頭から順序よく読むとは限らない。内容に簡単にたどりつけるよう工夫する。例えば、目次、索引などであるが、文中での別の箇所への参照なども必要な場合もある。

特定の情報では、文章だけではなく、図解、グラフ、写真や数表を用い、情報を視覚化することで、読者の理解を助ける。

印刷物や本は、それだけで情報を読者に伝えなければならない。そのために、印刷物や本そのものについての説明を付けておく。本を例にすると、表紙に示すタイトル、著者名、出版社名だけでなく、序文（まえがき）、目次、凡例、奥付も、そうした役割を果たしている。

本は閉じられた世界ではなく、過去の遺産を利用し、さらに新たな関係を築いていくものである。引用文献や参考文献を掲げておくことは大切である。

著作物の利用については、著作権法で規定している。著作権法上の問題がないかについても検討する。

著作物を複製するなどして利用する権利は、著作権者（通常は著作者）が保持しており、著作物を利用する場合は、著作権者に許諾を求める必要がある。原稿の執筆者とは契約（出版契約）をすませているか、または約束しているので問題はない。しかし、原稿の中に著者以外の他人の著作物を利用している場合、引用に該当しないときは、著作権者に許諾を求めねばならないので、そのような事項がないか、点検する。必要なら利用する著作物の著作権者に許諾を求めるようにする。

著作権法では「公表された著作物は、引用して利用することができる。この場合において、その引用は、公正な慣行に合致するものであり、かつ、報道、批評、研究その他の引用上正当な範囲内で行なわれるものでなければならない」（第三二条一項）としている。引用する場合は、当然自分の著作物が主で、引用する他人の著作物が従の関係でなければならない。また引用して利用する著

135

図 1.9　基本版面の例（「JLreq 第2版」より）

ットインパクトプリンターでは、そもそも活字の大きさを自由に変更することなどできなかった。大方が24ドットでほぼ10ポイント。活字の大きさを変更しようと思うと、24ドット×48ドットの横倍角にするか、48ドット×24ドットの縦倍角にするか、はたまた48ドット×48ドットの四倍角にするか、そのような選択肢しかなかった。そもそも、パソコンとプリンターとのデータのやりとりが速度の遅いシリアルインタフェースで文字符号をやりとりし、プリンターが持っているフォントのビットパターンを打ち出す、といったことを行なっていた時代だった。先にあげた『金魂巻』なども、そのような時代を色濃く反映している。

浮川社長が「大地」をSuperDTPと銘打ったことにより、製品化の軸足は完全にプロユースに定まった。もちろん、時代を先がける工業製品の常としての開発製造コストの高止まりによって一般コンシューマー製品としての製品化の可能性が断たれたという側面も見逃すことはできないが。軸足が定まると、そこから先は一気呵成だった。「一太郎」で蓄積されたワープロ用の要素技術を、澤田さんの指示に従って拡充洗練させていき、用語なども基本的には印刷出版業界で用いられているものに合わせていけばよかった。

一九九〇年一〇月、SuperDTP「大地」発売。純国産のＤＴＰシステムとしては、日本で初めてのものだった。

5　中野幹隆さんと『普遍論争』

❶ 三冊の「大地」本

発売が近づいてくると、製品プロモーションについても考えなければならなくなった。ぼくは、「大地」を用いて制作した書籍を市場に送り出すのが効果的だと考えた。そのころ、ジャストシステムは出版編集部を立ち上げており、『モアイ』という有料の広報誌を発行するとともに、かなり意欲的な単行本の発行にも挑んでいた。中心は元新潮社の編集者で、パソコン関連雑誌編集の経験もあった中尾勝さん。彼を巻き込んで、「大地」で制作した書籍を出版編集部から発売することを画策した。

そこで白羽の矢を立てたのがユズさんだった。ユズさんこと柚口篤さんは、婦人生活社で婦人雑誌の編集者として辣腕をふるった後に独立した、そのころ最も勢いのある編集プロダクション「ユズ編集工房」の社長だった。というか、そのころはまだ編集プロダクションという業種自体が市民権を得たとはいえない時代だった。料理カメラマンとしても高い技術をもっており、プロの料理人向けの高価な料理本のシリーズを、企画立案から写真撮影、レイアウト、そしてIPS（富士通の統合印刷システム）という電子組版システムを用いた版下作成まで一貫して制作するという仕事を一五年余りの間に一一種類も受注しつづけるという離れ業を成し遂げたほどの人だった。

そんな離れ業を、今でいうワークフローの徹底的な分析と管理、そしてワープロや電子組版システムといったデジタル技術を駆使して行なっていた。電子組版で従来から印刷現場で用いられていたタグ入力を編集過程に取り込むなどの先進的な取り組みも行なっていたし、そのような実務経験を踏まえたうえでそのころ話題となっていたＳＧＭＬなどの構造化文書技術への関心や造詣も並外れたものがあった。

ユズさんは、ＪＥＰＡ設立時からの有力メンバーでもあった。ユズさんに「大地」を用いて「大地」のことを書いてもらおう。ユズさんは、その生来の新しもの好きの性格もあって、即座に引き受けてくれた。ユズさんの新しもの好きは筋金入りで、そのころ、もう二〇年以上も前から、重たい携帯電話――たぶん一〇キログラム近くはあっただろうという代物――を担いで都内を走りまわっていたのだから。ユズさんへの依頼は『大地が動いた』（柚口篤著、ジャストシステム、一九九一年）という書籍として結実した。残念ながら、書店ではあまり売れなかった。しかし、「大地」プロモーション用の材料としてはおおいに活躍した。

ぼくは、他に都合二冊の書籍を仕掛けた。一冊は、小学館から発行された秋元豊寛さんの『宇宙特派9日間』（一九九一年）。もう一つは、少し後になるけれど、哲学書房から出た山内志朗さんの『普遍論争』（一九九二年。現在は平凡社ライブラリー版が入手可能）。秋元さんの本は、そのころ『週刊ポスト』の編集長だった鈴木雄介さんが手がけてくれた。鈴木さんとはその後、電子書籍コンソーシアムで浅からぬ縁を結ぶことになる。

❷「大地」による『普遍論争』制作

『普遍論争』のオペレーションは、みずから行なった。哲学書房社主の中野幹隆さんは、小学館入社以前からの、ぼくにとって編集者としての唯一無二の師匠だった。

きっかけは、中野さんから渡された数枚の三・五インチフロッピーだった。

「これ、何とかならないでしょうか。一太郎のファイルなんですが。ええ、山内さんという若い哲学者のお仕事です。内容的にはとても優れていて。しかし今、学術書は本当に売れないんですよ。みすず書房でも勁草書房でも、初版四〇〇部がやっと、という本が多いんですよ」

「ちょっと考えてみますね」

しばらくして、ぼくは、中野さんに以下のような提案をした——版元と著者と読者がそれぞれ三方一両損でリスクを担うような出版形態にしたい。そのために、出版前の予約受付と、著者による一定部数の買い取りを前提としてはどうか。制作には「大地」を使い、少部数でのコスト削減に努めてはどうか。中野さんは、例によっての即断。

「それでやってみましょう」

ぼくは、さっそく「大地」を用いて数ページの見本組をつくってみた。そこから中野さんとの火花が飛び散るようなバトルが始まった。リングは当時浜松町にあったジャストシステムの東京支社。中野さんは組版やデザインにも厳しい人だった。何といっても、あの『エピステーメー』を杉浦康平さんや鈴木一誌さんとつくっていた人なのだから。

そのころ「大地」は、リョービイマジクスの本明朝という書体を、独自形式でアウトライン化したフォントを用いていた。リョービ社は元々はダイキャストの専業メーカーだったが、ダイキャストを用いたさまざまな製品の製造に触手を伸ばし、高い業績を誇っていた。写植機もその一つで、写研の文字盤と互換性のある文字盤を武器に一定の成果を上げていた。さらに、活字メーカーを買収して、フォント開発にも進出していた。当時は写研の本蘭明朝の最盛期。とくに細明のデザインとオフセット印刷の特性を生かした、繊細な版面設計が好まれていた。写研と同じコンセプトの書体デザインでは勝負にならないと考えたのだろう、リョービは真逆の発想で、本明朝を活版活字的な骨太のデザインに仕上げることで、これまた一定の市場を得ていた。

この本明朝のデザインが、中野さんの意に沿わなかった。「他の書体はありませんか」中野さんにとっては、本文に用いる書体の選択は本づくりに欠かすことのできない最重要の第一歩だった。しかし、そのころの「大地」には、日本タイプライターから買ったJS明朝と名づけられた日本語タイプライター用が起源の、したがって写植用のフォントとしてはややバランスに欠ける書体と、この本明朝しかなかった。中野さんとぼくとのいわば根比べともいえる試行錯誤が始まった。「行間を少し空けてみましょうか」、「もう半ポイント大きさを落としたらどうでしょう」。中野さんは慇懃《いんぎん》な語り口で、しかし一切の妥協を排して、倦《う》むことなく幾度も幾度もぼくに設定の手直しを強いつづけた。午後の時間いっぱいを使い切り、日が陰りかけたころになって、中野さんがやっと言った。「これでいきましょう」

中野さんの最終的な選択は次のようなものだった――判型はA5判とする。基本版面は四六判のものと同程度とし、四方の余白を多めにとる。本明朝に長体1をかけ、行数も通常より一行少ない一六行として、行間を広めにする――中野さんの指示どおり組んだ版面は、えっ、これがDTPで組んだ版面か、と思えるほど清潔感のあるすっきりしたものとなった。

こうして組んだ見本を添えて、中野さんは、山内さんの母校である東京大学の哲学専攻の卒業生名簿と西欧中世哲学の学会名簿を用いて、二〇〇〇通ほどのダイレクトメールを発送した。このダイレクトメールに応じて、二〇〇通もの予約注文が入った。後から知ったことだが、ダイレクトメールによる予約販売で成約数が一〇％にもなるというのは、ほとんど奇跡のような高率だということだった。なかには、アウグスチヌス研究で令名高かった京都大学の山田晶教授やトマス・アクィナスの研究で高名だった九州大学の稲垣良典教授の名前まであった。この反響に心を強くして、中野さんは『普遍論争』の出版を決意した。

ぼくは引き続き、中野さんの倦むことのない注文に半ば辟易しながら、四〇〇ページにものぼる大著の組版作業に取り組んだ。なかでも難渋したのは、巻末に付けた横組の小辞典だった。なにしろ、ラテン語の人名や地名が多出する。横組二段組にしたので行長が短い。ハイフネーションを多用しなければホワイトリバー（欧文組版で行末をそろえるために生じる不ぞろいで不必要に広い単語間の空白。隣接行に頻出すると行を縦断する白色の川のように見える）がかなり目につく。しかし、ラテン語のハイフネーション辞書などコンピューターへの実装はおろか、紙のものさえ手元にはない。いちいち著者の山内さんの確認を得なければならない。一カ所ハイフネーションがずれると、その余波が段落の終わりまで及び、他の箇所に不都合が生じる。まさにモグラたたきのような苦闘が延々と続いた。

こうして完成した『普遍論争』（図1・10）は、初版四〇〇部が発行され、ほどなく増刷も決定した。そして、この本の出版で山内さんの学界での評価は決定的なものとなり、その後の研究者としての王道の出発点となった。

中野さんとぼくには、このような本のつくり方が、学術書出版の閉塞状況を打ち破る一つの可能性を秘めたものに思えた。ぼくたちは、このような方法を〝Schola Express〟と名づけ、本の巻末に記した。中野さんは、奥付にぼくの名も入れよう、と言ってくれた。しかし、ジャストシステムの社員だったぼくには個人名を入れることには抵抗があった。ぼくは中野さんの厚意に甘えて、制作者としてScholexという架空の名称を刻み込んだ。この名称が、後にぼくが設立する個人会社の社名となる。

❸ 西田裕一さんによる復刻

西田裕一さんは、青土社で中野さんの何代か後の『現代思想』編集長を務めたのち、一般公募で『月刊アスキー』の編集者になり、今は平凡社の出版部門を支える辣腕編集者。ぼくとのかかわりは中野さんを媒介としてのもの。『月刊アスキー』で、黒崎政男さんの連載「ＭＳ‐ＤＯＳは思考の道具だ」を手がけていて、ぼくも連載当時から夢中になって読んでいた。ぼくが「大地」で『普遍論争』の制作作業をしていたころ、西田さんも黒崎さんの原稿を単行本化するため、LaTeX《ラテフ》と格闘していた。

西田さんはその後、やはりアスキー社から、岩波書店の『岩波国語辞典』、研究社の『新英和中辞典』と『新和英中辞典』、朝日新聞社の『知恵蔵』、平凡社の『マイペディア97』などを一枚のＣＤ‐ＲＯＭに収録し横断的に検索できる「辞典盤97」をつくった。これは技術的にも電子的手段によるコンテンツ流通という面でも、まさに画期的だった。平凡社に移ったきっかけも、同社の世界百科電子

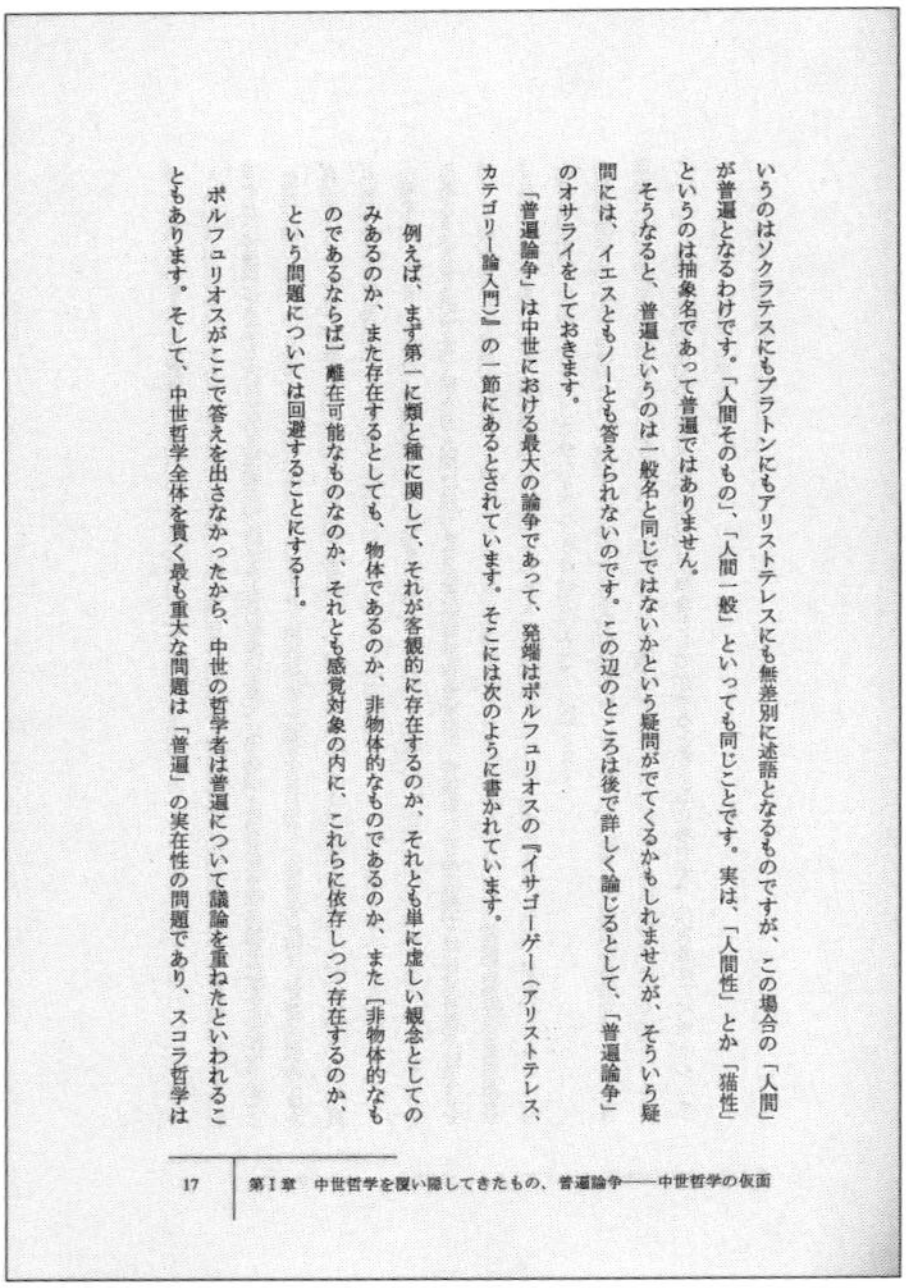

いうのはソクラテスにもプラトンにもアリストテレスにも無差別に述語となるものですが、この場合の「人間」が普遍となるわけです。「人間そのもの」、「人間一般」といっても同じことです。実は、「人間性」とか「猫性」というのは抽象名であって普遍ではありません。

そうなると、普遍というのは一般名と同じではないかという疑問がでてくるかもしれませんが、そういう疑問には、イエスともノーとも答えられないのです。この辺のところは後で詳しく論じるとして、「普遍論争」のオサライをしておきます。

「普遍論争」は中世における最大の論争であって、発端はポルフュリオスの『イサゴーゲー（アリストテレス、カテゴリー論入門）』の一節にあるとされています。そこには次のように書かれています。

例えば、まず第一に類と種に関して、それが客観的に存在するのか、それとも単に虚しい観念としてのみあるのか、また存在するとしても、物体であるのか、非物体的なものであるのか、また［非物体的なものであるならば］離在可能なものなのか、それとも感覚対象の内に、これらに依存しつつ存在するのか、という問題については回避することにする――。

ポルフュリオスがここで答えを出さなかったから、中世の哲学者は普遍について議論を重ねたといわれることもあります。そして、中世哲学全体を貫く最も重大な問題は「普遍」の実在性の問題であり、スコラ哲学は

17　第Ⅰ章　中世哲学を覆い隠してきたもの、普遍論争――中世哲学の仮面

図 1.10 『普遍論争』
（哲学書房版）

図 1.11 『普遍論争』（平凡社ライブラリー版）

化のために欠くことのできない存在として、白羽の矢が立ったと漏れ聞いている。

そんな西田さんが、一五年の時を経て、「大地」で制作された『普遍論争』を、アドビ（Adobe）社のインデザイン（InDesign）を用いて平凡社ライブラリーの一冊として蘇らせた（図1・11）。以下は、西田さんが月曜社の小林浩さんのメールマガジンに寄せた一文。西田さんが二〇〇八年二月一五日に転送してくれた。ちょっと長くなるが、ほぼそのまま引用しよう。

●「『普遍論争』は売れています――中野幹隆さんの思い出」／西田裕一

この一月に、哲学書房から出ていた山内志朗さんの『普遍論争―近代の源流としての』を平凡社ライブラリーの一冊として刊行することができた。元本の哲学書房での刊行は一九九二年だから、一五年の歳月を経てのライブラリー化ということになる。平凡社ライブラリー版『普遍論争』の配本は二〇〇八年一月一〇日。哲学書房社主であった中野幹隆さんの一周忌一月一四日にぎりぎり間に合った。昨年の一月一四日朝、病床の中野さんを見舞おうと戸塚のご自宅に電話をしたとき、応答に出てくださった奥さまの容子さんから「中野は、ほんの二〇分前に息を引き取りました」と告げられ、頭の中が真っ白になった。もうあれから一年たったのだ。中野さんのお墓は、北鎌倉の円覚寺白雲庵にある。一四日の昼、著者の山内さんと、作品社の高木有さん、それに、妻の喜入といっしょにお参りし、『普遍論争』と、ちょうど同じ日に刊行された『ドゥルーズ／ガタリの現在』を中野さんの墓前に供えてきた。この『D／Gの現在』も、最初は中野さんが編集者としてコミットされていた本で、その後、さまざまな理由で、平凡社で刊行することになった本だ。中野さん縁《ゆかり》の本が二冊、Et in Arcadia ego と刻まれた黒い御影石の上にならんだ。『普遍論争』のオリジナルである哲学書房版をお読みになった方はご存じのことだが、続刊が予定されていた。いや、「いる」と言うべきか？　しかし、いまだに出ていない。山内さんによると、続巻は何度か取りかかったけれども、いずれも頓挫したそうだ。詳しい事情は知らない。しかし、中野さんからいよいよ『普遍論争』の続刊を出すという話を何度か聞き、その度に、それならば私も手伝わせてほしいと申し出たことを覚えている。とはいっても、中野さんは編集の大先輩だ。手伝うといっても、編集を手伝うということでは、もちろんない。私がＤＴＰで組版をやります、という意味だ。

実は、哲学書房版も、ジャストシステムの「大地」というＤＴＰシステムによって組版されていた。中野さんの友人である tlk 氏が手弁当で組版したものと聞いている。私が組版を手伝いたいと申し出たのは、その話を聞いていたからだ。いくら「哲学」書房とはいえ、オリジナル版『普遍論争』の刊行は、一九九二年当時としてはかなりの冒険だっただろう。その頃の山内さんは、すでに雑誌に刺激的な論文を矢継ぎ早に発表する気鋭の研究者で、著書を待ち望まれてはいた。しかし、入門書として企画されたとはいえ、Ａ５判四〇〇ページの大著だ。中野さんも、いろいろと迷ったに違いない。平凡社ライブラリーに入れさせていただく際、坂部恵先生に解説をお願いし、山内さんご本人にも「平凡社ライブラリー版あとがき」を書いていただいた。

そこに「実は、哲学書房版誕生の際に黒崎政男さん、喜入冬子さんと西田さんの三人に産婆役として活躍していただき、難産の末、出版にこぎつけたという経緯がある。……」との一節がある。この「難産の末」というのは、この中野さんの迷いのことだ。「産婆役云々」というのは、原稿を渡したものの、なかなか本にならないので落ち込んでいた山内さんを見て、黒崎さんの発案で温泉に行ったことを指している。当時、哲学書房で働いていたYさんと、喜入、西田、それに山内さんご本人の五人で山形の銀山温泉に行って、バカ話をしながら酒を飲んで、そして一緒に温泉に入った。あと、東京で九〇〇枚近い原稿と格闘している中野さんに、「早く山内さんの本を出してくださいね」というようなことを書いたのんきな絵葉書を銀山温泉から送ったような気がするが、酔った勢いとはいえ、いま考えると恐ろしいことだ。

（中略）

勝手な想像だが、約九〇〇枚の原稿を前に、中野さんは悩んだ。その答えが、DTP化によるコストダウンと、定価六九〇〇円、初刷部数八〇〇部だった。『普遍論争』が刊行された九二年といえば、まだQuarkXPress 3.1が出る前の話だ。Web 2.0ではなく、こっちはQuarkXPress 2.0の時代だ。すでにPageMakerで作られた単行本もあるにはあったが、しかし、その仕上がりにはいろいろと問題があるようで、当時はDTPで書籍を出すということも、かなりの冒険だった。

そのとき、中野さんの組版についての厳しい要求に見事に応えたのが、編集者垂涎の数百万もするシステム「大地」を駆使する、先のtlk氏である。

それから十数年。DTPソフトも段違いに使いよくなった。フォントの環境も、十数年前では考えられないほど便利になった。だから、今の技術を使えば、たとえ九〇〇枚とはいえ、『普遍論争』の組版などちょろいというのが、中野さんに手伝いを申し出たときの私の考えだった。

中野さん、私は間違っていました。今回、平凡社ライブラリーに収録するために実際にInDesignで『普遍論争』を組版してみて気づきました。とくに「中世哲学人名小事典」は長いラテン語の文章や書名が頻出するため、悶絶しました。とても土日でちょちょっとお手伝いでやる仕事ではありませんでした。私は、さらに『普遍論争2』を出されるのだったら、「大地」はもうないので、あとあとの修正のことなども考えて一巻目もInDesignで組み直しましょうよ、という大胆なことまで中野さんに言っていた。頼まれてもないことを無理矢理やって、しかもやりきれずに迷惑をかけるところだった。今回、なんとか『普遍論争』を形にできたのは、自分の仕事としてやったからだ。お手伝い気分では、すぐに破綻していただろう。中野さん、『普遍論争』は売れています。人文書は苦しい、苦しいと言われ続けていますが、中野さんが企画され、悩んで、勇気と自信をもって出されたこの本は、これからもたくさんの読者を獲得するでしょう。大切に売らせていただきます。

◎西田裕一（にしだ・ゆういち）：一九五九年生まれ。平凡社編集部。『普遍論争──近代の源流としての』（平凡社ライブラリー 630）

言わずもがなだが、tlkはぼくのこと。『普遍論争』の初版部数が、ぼくの記憶と西田さんの文章では異なっているが、今となっては確かめようもない。

❹ 文書の顔としての版面

『大地が動いた』（図1・12）、『普遍論争』という二冊の書籍出版にSuperDTP「大地」での制作という局面でかかわることで多くのことを考えた。いちばん大きかったのは、本というものが版面設計のいかんによって、こうも表情を変えるものか、という感慨だった。

版面のことを「はんづら」とよぶことがある。「つら」とはよく言ったものだ。よく表紙やカバーは本の顔だと言う人がいるが、たぶん本当の顔はやはり、はんづらなのだ。

『大地が動いた』と『普遍論争』は、その版面の表情がずいぶんちがって見えた。ユズさんとユズ編集工房の仕事が劣っていたとは思わない。当

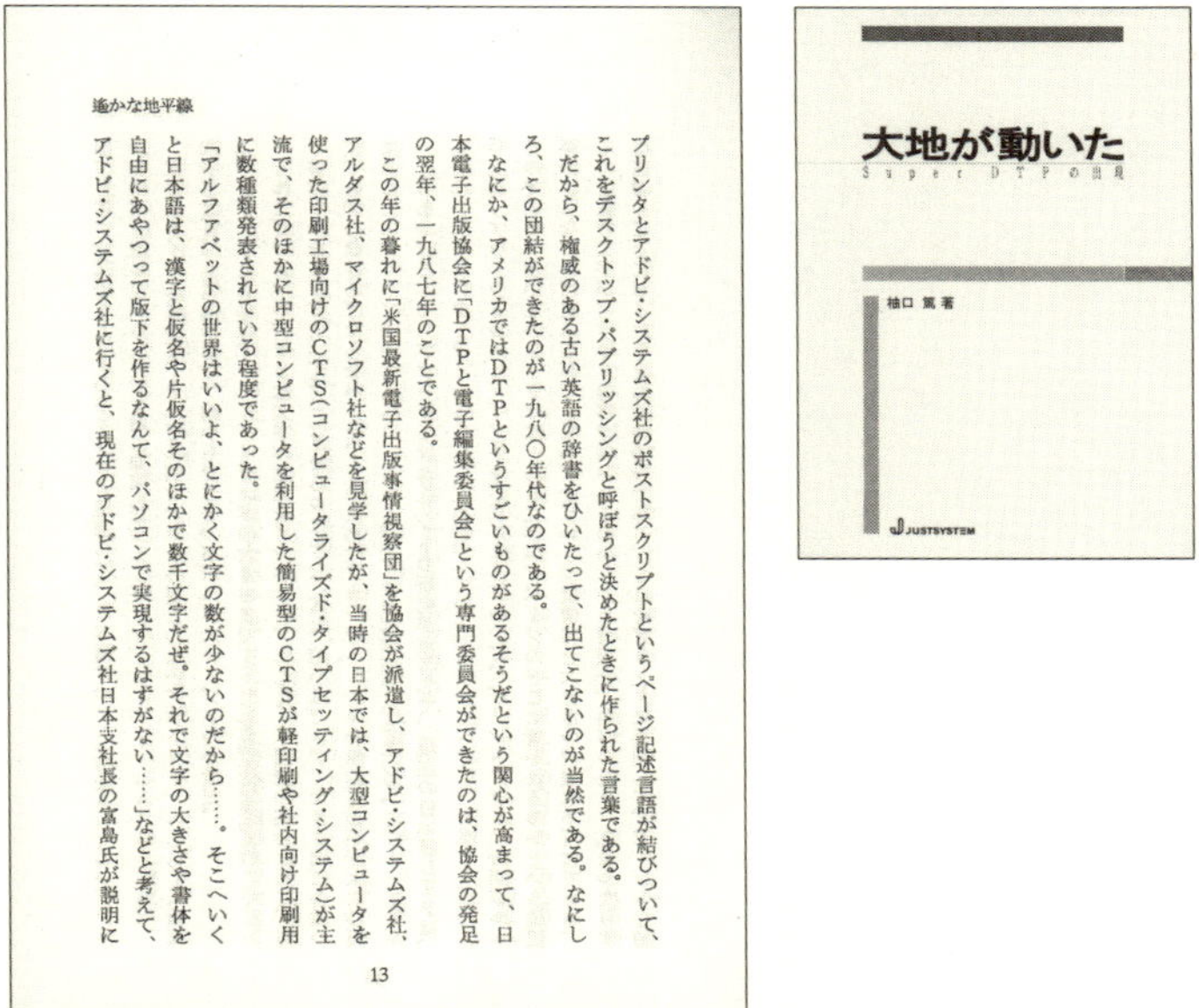

プリンタとアドビ・システムズ社のポストスクリプトというページ記述言語が結びついて、これをデスクトップ・パブリッシングと呼ぼうと決めたときに作られた言葉である。だから、権威のある古い英語の辞書をひいたって、出てこないのが当然である。なにしろ、この団結ができたのが一九八〇年代なのである。

なにか、アメリカではDTPというすごいものがあるそうだという関心が高まって、日本電子出版協会に「DTPと電子編集委員会」という専門委員会ができたのは、協会の発足の翌年、一九八七年のことである。

この年の暮れに「米国最新電子出版事情視察団」を協会が派遣し、アドビ・システムズ社、アルダス社、マイクロソフト社などを見学したが、当時の日本では、大型コンピュータを使った印刷工場向けのCTS（コンピュータライズド・タイプセッティング・システム）が主流で、そのほかに中型コンピュータを利用した簡易型のCTSが軽印刷や社内向け印刷用に数種類発表されている程度であった。

「アルファベットの世界はいいよ、とにかく文字の数が少ないのだから……。そこへいくと日本語は、漢字と仮名や片仮名そのほかで数千文字だぜ。それで文字の大きさや書体を自由にあやつって版下を作るなんて、パソコンで実現するはずがない……」などと考えて、アドビ・システムズ社に行くと、現在のアドビ・システムズ社日本支社長の富島氏が説明に

13

図1.12 『大地が動いた』

時のＤＴＰの水準からすれば、それは一頭地を抜くものだったことに疑念はない。ユズさんにこだわりがなかったわけでもない。その証左に、ユズさんの印字用紙へのこだわりは尋常なものではなかった。600 dpi の（当時としては）最高精細度のレーザープリンターでトナー出力したものをカメラ撮りするのだが、ユズさんの指定は微コートした上質紙。不要な反射を押さえ、トナーの乗りがいい、という。ぼくは、神田中を走りまわって何種類もの微コート紙を買い集めて試し刷りをさせられた。その局面では、ユズさんのこだわりは中野さんのこだわりとなんら変わるところがない。事実、『普遍論争』の印刷にもユズさんが指定した紙を使ったし、製版の上がり具合に対する中野さんの評価もかなり高いものだった。

しかし、版面の表情という点では『普遍論争』に一日の長があった。突飛なたとえだが、『大地が動いた』がビジネススーツを着た中年男性だとすると、『普遍論争』は目鼻立ちの通った江戸小紋を着た人妻、といったところだろうか。『大地が動いた』の表情の多くは、大地が用いていたリョービイマジクスの本明朝に起因するところが大きかったのだろう。中野さんは、本明朝の活版活字風の意匠が気に入らずに、その特徴を押さえるために、長体をかけたり行間を空けたり四方の空間を多く空けたりという指示を繰り出した。結果的に版面全体としての黒みが減り、一行一行がはっきりと浮き出し、まさに目鼻立ちの通った表情となった。

『大地が動いた』と『普遍論争』をめぐっては、ＪＥＰＡにもお世話になった。津野海太郎さんを招いて、ユズさんともどもＤＴＰについてのパネルディスカッションの機会を設けてもらった。そのパネルの場でぼくが訴えたかったのは、二冊の本の評価の問題ではなく、同じＤＴＰシステムを用いてもこれほどに表情の異なる本ができあがる可能性がある、という事実だった。ＤＴＰで制作された本の版面を見ただけで、制作に用いられたＤＴＰシステムの善し悪しを即断することは危険なことだ。二冊の本の制作を通して、ぼくが得た貴重な教訓だった。

　ずっと後になって、Ｗ３Ｃの技術ノート「日本語組版処理の要件」の開発でご一緒した小林敏さんが、

「マイクロソフトのワードを使ったって、やろうと思えばきちんとした組版ができるよ」

と豪語していた。鎌田博樹さんも、若いころにワードのデフォルトの版面設計にかかわったと言っていた。かくいうぼく自身、ジャストシステムに入社して最初にやったことの一つが、当時の「一太郎」のデフォルトの設定を字間ゼロとし、左右のマージンを大きくしたことだった。ＤＴＰであるとワープロであるとにかかわらず、フォントの選択と字間・行間の設定は、いわば出力した結果の表情を決定する要諦にはちがいない。プロは皆そのことを知悉《ちしつ》している。

　今思い返すと、講演会の場でのユズさんのＳＧＭＬとその周辺技術に対する批判も、そのあたりに関係していたのかもしれない。ＳＧＭＬやＸＭＬなどの構造化文書技術は、タイトル、章や節、強調、引用、注釈などの、文書の抽象的な意味的階層構造しか規定しない。それを実際の視覚表現に落とし込む役割は、ＳＧＭＬに対してはＤＳＳＬ、ＸＭＬやＨＴＭＬに対してはＣＳＳやＸＳＬ-ＦＯなどの技術が担う。そして、そのころのＤＳＳＬの技術は、こと日本語に関してはあまりにも稚拙だった。構造化文書の日本語による視覚表現が、曲がりなりにも市場における競争に耐えるレベルに達するのはずっと後のこと。構造化文書技術の主流はＳＧＭＬからＸＭＬに移り、視覚表現化の技術も

ＤＳＳＬからＣＳＳやＸＳＬ-ＦＯに移り、ＣＳＳが正式に縦組とルビに対応し、ＥＰＵＢがＣＳＳを引用することでサポートするのは二〇一一年のこと。ユズさんの批判に、情報通信技術が正面から答えられるまで一五年以上の歳月を要することになる。

ともあれ、ユズさんはもういない。そして、ぼくの慚愧も消えない。

第2章　諫言の彼方に

1　諫言楽組曲

――一九九八年一〇月。駿河台下の交差点。

「小林さん！」

不意に声をかけられた。声のほうに目を向けると、紀田順一郎さんが三省堂本店のほうからこちらに向かっていた。横断歩道のど真ん中で、長い時間立ち話をするわけにもいかない。

「あ、どうも。まだまだ暑いですねぇ」

などと曖昧に返事をしてすれちがった。紀田さんとすれちがってから、猛烈な悔悟の念が吹き出した。ぼくは、いったいどんな顔をしていたのだろう。

三省堂本店と交差点をはさんだ向かい側の銀行で、預金残高を確認した直後だった。ジャストシステムからのわずかばかりの退職金はまだ振り込まれていなかった。新しく設立する有限会社バウスプリットのぼくに割り当てられた出資金に充てるつもりなのに。払込期限が迫っていた。生まれてこの方、このような形で金銭に窮したことはなかった。ぼくは途方に暮れて交差点を歩いていた。不意を突かれた。ぼくはどんな顔つきをしていただろう。紀田さんに変に思われなかっただろうか。三省堂に入って書棚の本の背を上の空で眺めながら、ぼくの悔悟の念は、いつまでたっても消えなかった。

――一九九八年九月。

ぼくは、九年余り在籍したジャストシステムを退社した。以下は、退社に際して関係者に送った電子メール。

みなさま、
小林龍生です。

ご挨拶が遅れてしまいましたが。九月末日を以て（株）ジャストシステムを退社しました。在社九年三ヶ月。
最小規模の有限会社を作り、一〇月二日に発足した「電子書籍コンソーシアム」の実行部隊の仕事を受託します。これが当面メインの仕事になります。

小学館の先輩、鈴木雄介さんに強く誘われて、編集者としての経験とジャストシステムでの経験を共に生かせる可能性に賭けることにしました。

ジャストシステムの浮川和宣社長、初子専務には、最後に至るまで非常にお世話になりました。実のところ、まだ、お世話になっています。「デジタル文化研究所客員研究員」という立場で、今まで手がけていたＡＴＯＫ監修委員会の仕事や、ユニコードコンソーシアム、国際標準化機構を舞台とする漢字コード標準化の仕事を続けていくことをお許しいただきました。

これとは別に、少しずつでも、企業の立場にとらわれない調査研究や企画の仕事なども手がけていきたいと思っています。

ともあれ、齢五十を目前にした再度の転身です。今までにも増して、ご厚誼ご鞭撻をいただけますように。

今読み返してみても、必ずしも希望に燃えての転身といった勢いはない。この時点で、すでにさまざまな不安要素がぼくの頭の中には去来していた。

――一九九八年初夏。

ジャストシステム在籍時、出版部の責任者だった中尾勝さんから連絡があった。小学館の鈴木雄介さんと一度会わないか、という話だった。週刊ポストの辣腕編集長として勇名を馳せていた鈴木さんとは、「大地」製品化の折に、秋山豊寛さんの日本人初の宇宙飛行体験記を「大地」を用いてスピード出版するという企画を通して、面識があった。鈴木さんの編集者としてのセンス、出版に対する熱い思い、電子技術についての造詣などを含めて、尊敬の念をもっていた。

その鈴木さんが、小学館の電子出版部門に移って主導的な役割を果たすようになっていた。そして、中尾さんは鈴木さんの下で外部の協力者として、小学館発行の百科事典、ジャポニカの電子化にかかわっていた。そんな背景があったので、ぼくは、鈴木さんからの話はてっきりジャポニカの電子化に関係するものだと思いこんで会うことを快諾した。しかし、会ってみると、話はまったく別のものだった。鈴木さんが核となり、主要な出版社数社に、シャープ、日立、NTTを巻き込んで、ハードウエア開発からコンテンツ配信までを含めた総合的な電子出版プラットフォームの実証実験を行なう、という。通商産業省（当時）から一〇〇億円規模の多額の補助金を得られる見込みもある、その実証実験の実行部隊のとりまとめをやってくれないか、という話だった。

そのころ、ジャストシステムからマイクロソフトに転じていた真柄さんが戦略の中核を担っていたワードやMS-IMEとの戦いで、惨敗を喫したジャストシステムの経営状況は好調とは言いがたい状況にあった。アプリケーションソフトウェアの開発販売という業態そのものも、ウィンドウズ（Windows）やインターネットの普及によって、そろそろ曲がり角にさしかかっていた。規模を急速に拡大してきたジャストシステムも、一方では企業としての体制ができあがりつつあり、経営状況の困難さも伴って、つねに投資対効果について意識せざるをえなくなっていた。ぼくが入社したころの、梁山泊のような自由奔放な空気もずいぶんと薄れていた。浮川社長は、経営舵取りの心労からか糖尿病を患っていた。

そんなジャストシステムに、ある種の息苦しさを感じはじめていなかった、と言えば嘘になる。ジャストシステム内での研究開発にしても、ユニコードに関連した活動にしても、以前は社長や専務との直談判で自由に進めることができたのが、企画書を出し、費用対効果を検討し、予算を立てる、という普通の企業ではごく当たり前の、しかしうんざりするような手続きを経なければならなくなっていた。ぼくより後にジャストシステムに参加してきた会社経営の専門家からは、ぼくがかかわって進めていたプロジェクトの多くは、短期的には収益の見込めないコスト要因にしか見えなかった。出版部門を引っ張ってきた中尾さんも含め、古くからの気心の知れた仲間の幾人かもすでにジャストシステムを去っていた。

そこへの、鈴木さんからの誘いだった。心が動いた。そんなぼくに対して、専門性の高いニュースレターの発行やＯＭＧ（Object Management Group）を舞台とするオブジェクト指向開発環境の標準化活動など、電子化文書の領域での独自の活動を通して知遇を得ていた鎌田博樹さんは、心からの諫言《かんげん》メールを送ってくれた。

八月某日

懸案の諫言楽組曲の作曲が進まない。私に霊感を与え、想像力をかきたててやまない「内なる声」が聞こえないのだ。もちろん、それはミューズではなく、唯一なる神である。じっさいのところ、神の御心がわからない。

一体、我が友が「黄金の犢」を担ぐ背教の輩から「ジムキョクチョー」なる下級祭司の職をちらつかされただけで嬉々としているとは…。

悪魔との契約書を自慢気にひらひらさせるのを見るのは胸が痛む。

一つの可能性は、これはすべて神の計画であるということだ。そうだ、いままでいいメをみせすぎてきたから、ここらで世間の冷たい風をあててみるのも悪くないと考えておられるのだ。そのために、地獄か煉獄かに落とそうとしておられるのだ。悪魔の甘言の前には私の諫言も役に立たないわけだ。

すると、私は諫言楽組曲ではなく、レクイエムを作曲し、神様にとりなしを頼むべきなのかもしれない。これは通常のプロトコルを無視して、「怒りの日」に始まるものにしよう。

いま一つの可能性は、神様は最近忙しすぎて、一匹の羊が暗い谷に迷い込もうと構ってられないということだ。これも説得力があるなぁ。

そもそも「神の計画」なんてのは、一個人を相手にするようなものではないと思うし。

本人はファウスト博士を気取ってるけど、話を持ってきた相手も、どうせメフィストどころか愚かな人間なのだから、とても若返って若い娘を妊娠させるなんてことはできゃしない。するると、これは世間知らずのオヤジが馬鹿をやるだけという世俗的次元の問題となる。レクイエムなどとんでもない。

ああ神よ、私はどうすべきなのでしょうか。

鎌田さんの諫言を振り切るように、ぼくはジャストシステムを退社し、まったく将来の見通しが立たない電子書籍コンソーシアムという泥船に乗り込んだ。結果は、鎌田さんの諫言のとおりとなった。ぼくが身を投じた電子書籍コンソーシアムは二年有余の悪戦苦闘を経て、雲散霧消することとなる。

2　電子書籍コンソーシアムの顛末

電子書籍コンソーシアムのことは、あまり思い出したくはない。というより、覚えていない、というのが正直なところなのだ。トラウマなのかしら、嫌な思い出は忘れてしまいたい、という防御反応なのかもしれない。しかし、ぼくがこのコンソーシアムに技術責任者としてかかわったことも、また消し去ることのできない事実にはちがいない。ずっと後になってから、村田真に引きずり込まれて、ＥＰＵＢにかかわることになって、このコンソーシアムでの苦い経験が反面教師として役に立たなかった、というわけでもない。個人的な苦い思い出は措くとしても、ぼく自身の目から見た、ことの顛末は、記憶に残る範囲だけでもやはり書き記しておいたほうがいいだろう。

鎌田さんの諫言を振り切っての転進。待っていたのは、鎌田さんの諫言どおりの現実だった。筑摩書房からリブロポート（セゾングループの出版社）を経て編集プロダクション木曜社として活動を開始したばかりの及川明雄さん、小学館との関係が深かった編集プロダクション、マゼラン出版社長の林陸奥広さん、それにぼくの三人が実務を取り仕切る体制で、電子書籍コンソーシアムの事務局（当初はオペレーションオフィスとよんでいた）がスタートした。当初は、御茶の水にあったＪＥＰＡの事務局に間借りしてのスタートだった。以下、以前、『出版ニュース』に寄稿した「電子書籍コンソーシアムとブックオンデマンド総合実験の今」の記述に従って、ことの顛末をまとめておく。

そもそも、このプロジェクトは、出版業界のなかで先進的に電子出版にかかわってきた人々のなかからの、次のような問題意識が発端となって立ち上がってきたものだった。すなわち、

・今までの電子出版は、あまりにもコンピューターという機械＝メディアにとらわれすぎていたのではないか、従来の出版物との差別化を強調するかたちでの「あれもできる、これもできる」というアプローチではなく、従来の書物の持つ特性のうち、何を引き継げて何を引き継げないかを、もう一度原点に立ち戻って考えてみる

・従来の書物の持つ、可搬性の高さ、可読性の高さを継承するためには、高解像度の表示装置を持つ携帯可能な専用読書端末が必要ではないか

・いたずらに検索の利便性などの従来の本では実現できない機能に拘泥するのではなく、従来の書

物の大部分を占める通読型の書物の電子化に焦点を絞るべきではないか
・多品種少量という出版業界の特色をかんがみると一品目当たりの電子化費用は可能な限り低廉でなければならない

といったあたりにまとめることができる。こうして列挙してみると、このような問題意識自体は、今に至るまでけっしてまちがったものではなかった。とくに、そのころの電子出版が、CD-ROMや専用ハードウェアを前提とした辞書検索系のコンテンツを中心に展開されており、小説や評論などの通読型の書籍への展開が進んでいなかったという状況への問題提起という側面が大きかった。

このような問題意識を一つの企画に収斂させる糸口になったのが、シャープが開発したモノクローム高解像度液晶という、ある種、成熟状態に達した要素技術だった。この要素技術を軸に据えることにより、先の問題意識に対する技術的な回答はかなり自然な形で固まることとなった。

・175 dpi 程度（一般的な人間の目の解像度に相当）の高解像度液晶を持った携帯読書端末を開発する。形態的にも、可能なかぎり従来の書物のメタファーを尊重する
・高解像度液晶を前提とし、書物の電子化を安価かつ大量に行なうために、立ち上がり時点での電子化は、従来の紙の書物をイメージデータとして取り込むアプローチで行なう
・イメージデータの宿命である大容量化に対応するため、情報の配信経路としては、大容量可搬な通信衛星、光ファイバーなどの手段もしくはパッケージメディアを用いる

電子書籍コンソーシアムの萌芽となるプロジェクトは、当初、シャープが開発した当時としては超解像度のモノクロディスプレイに惚れ込んだ鈴木さんと、シャープの関係者を軸とする、ごく私的なサークルで検討が進められていた。

この私的なプロジェクトを実現可能にした大きな力が、景気対策のための補正予算枠のなかで設定された「先進的情報システム開発実証事業」の公募だった。この公募に応募することを前提とし、プロジェクトは一気に具体的立案のフェーズに入る。通産省側の直接の窓口となったのは、後に村上ファンドで世上を騒がせることになる村上世彰さんと、慶應義塾大学ＳＦＣ教授を経て国会議員になる鈴木寛さんの二人だった。公募の枠組みとしてのテーマが、電子商取引を主眼とするものであったために、電子化された書物をいわゆる販売端末を通して読者に届ける部分が中心となり、その要件を満たす技術環境として、オンデマンドでのタイトルの配信、著者への印税支払いまでをも視野に入れた課金精算方法などが組み込まれて、総合実証実験の計画が練りあげられていった。

ぼくが、鈴木さんの誘いを受けたのは、計画を公募に応募するための具体的なプロジェクト案に落とし込んでいく作業を始めよう、という時期だった。今から思えば、電子商取引の仕組みを抱き込んだことが、実証実験のゴールを曖昧なものにし、技術的にもビジネスモデルとしても、はなはだ中途半端な妥協の産物を産み出すことにつながったように思われる。

・一九九八年九月末日、コンソーシアムの正式発足を待つことなく、締め切りぎりぎりに総額一八億円あまりの計画提案書を提出。
・一〇月二日、コンソーシアムの発足総会。参加者総数一三〇社、代表、佐藤政次オーム社社長（故人）。
・一〇月二〇日、ブックオンデマンド総合実証実験への補正予算配分決定の内示。
・一〇月二二日、コンソーシアム幹事会で代表からの指名、幹事会の承認を経て、ぼくはオペレーションオフィスのチーフ（事務局長みたいなもの）に就任。

専従事務局は、及川さん、林さん、マゼラン出版の若手編集者だった金沢美由妃さんらのスタッフと、ＮＴＴ、日立、シャープのメーカー三社からの出向者で構成される、まさに寄せ集め部隊だった。とはいえ、メーカーからの出向者たちにとって、この経験は、ある意味で、とても印象深いものだったようで、コンソーシアムが解散した後も一〇年以上にわたって同窓会が開かれていた。

・一〇月三〇日、オペレーションオフィスの受け皿となる法人として林さんや及川さんらを共同出資者として、有限会社バウスプリット設立。ぼくが代表取締役。この章冒頭の、紀田順一郎さんとの遭遇はこのころのこと。
・一一月一〇日、契約実務を担当する日本情報処理開発協会（ＪＩＰＤＥＣ）より正式採択の通知。
・一二月一日、予算案を含めた臨時総会の開催。

プロジェクトとしては採択されたが、予算額は大幅に削減され、消費税一般管理費を含め八億円の枠内ですべての実証実験を行なわなければならないこととなった。実施計画を予算内に落とし込むにあたっては、全体を均等に縮小するのではなく、電子化した書籍をデータベース化し必要に応じて検索配信の機能を担う、いわば上流のダムの部分に重点的に開発予算を配分し、さまざまな形態で読者に届ける部分については、販売端末、携帯読書端末の数量も含めて大幅に絞り込むことになった。

・一二月末、コンソーシアムの代表で事業申請の際の代表者ともなっていたオーム社の佐藤社長、代表辞任。あわせて、契約主体企業のオーム社、コンソーシアム退会。

そもそも、当初、鈴木さんを筆頭に、当初から計画にかかわっていた小学館、講談社、文藝春秋などの大手出版社の関係者ではなく、ITにかかわる書籍を多く出版していた専門出版社とはいえ規模からすると中規模出版社だったオーム社の佐藤社長がコンソーシアム代表となり、契約主体企業の代表者として八億円もの補助金へのいわば債務保証をする立場に立たされたことに問題があったことも明らかなように思われる。当初、大手中小を問わず出版各社が尻馬に乗る形でコンソーシアムに参加はしたものの、どの社も当事者としての責任をとる気概を見せることはなかった。佐藤さんは、うまい話に乗せられて貧乏くじを引く羽目に陥ってしまったのだった。

契約主体企業は、鈴木さんの出身母体である小学館が引き継ぎ、かろうじてコンソーシアムとしての体裁を保つことはできたものの、実証実験と電子書籍コンソーシアムの運営には、スタート時点から厚い暗雲が垂れ込めていたこともまた否めない。

・一九九九年三月二五日、電子書籍コンソーシアム年次総会。

この年次総会で、空席になっていた代表にインプレスの塚本慶一郎社長が就任し、副代表陣が一新された。承認を得た新人事は以下のとおり。

代　表　塚本慶一郎　株式会社インプレス代表取締役社長
副代表　阿部　忠道　株式会社角川書店取締役
副代表　竹内　修司　株式会社文藝春秋常務取締役
副代表　藤田　昌義　株式会社小学館取締役
副代表　山野　　勝　株式会社講談社常務取締役

同時に、幹事会に直結した形で総務会を設け、総務会の下に今までのオペレーションオフィスを発展解消した形で、事務局およびオペレーションセンターを置くことを承認。総務会長には従来副代表（代表代行）を務めていた鈴木雄介さんが、副総務会長には同じく副代表（代表代行）を務めていた出版ニュース社の清田義昭社長の就任がそれぞれ承認された。インプレスの塚本さんは、まさに火中の栗を拾う形でコンソーシアムの代表を引き受けることになった。この期に及んで、やっとのことで出版業界全体として実証実験に取り込む、という形態が整うことになった。

この時点で、ぼくはオペレーションオフィスの責任者を事実上更迭され、及川さんが事務局長に就任。ぼくはかろうじて事務局に留まることになったが、当初想定されていたプロジェクト全体の責任者という立場から、責任範囲を技術面のみに限られることになった。

この後の一年ほどのことは、本当にほとんど何も覚えていない。当初の夢物語のような計画は、予算の削減と当時の技術的限界とによって相次ぐ矮小化を余儀なくされた。技術的現実を見ようとも理解しようともしないで、夢のような理想論を押しつけてくる出版社側と、既存技術に安住した弥縫策のみを提案してくるメーカー側の水掛け論のような話し合いを間近に見ながらの砂を噛むような思い、最終段階で電子化した書籍の一覧をデータベースとして整備する際の、書籍名の漢字表記に対するぼく自身の異様なこだわりぐらいしか思い出すことができない。あと覚えているのは、怒りのやり場に窮して事務所のゴミ箱を蹴っ飛ばして金沢さんに叱られたこと（それも一度ならず）と、仕事帰りに及川さんとお茶の水近辺のレストランで生ビールを一杯半ずつ呑みながら互いに愚痴を聞き合ったことかなあ。

・二〇〇〇年三月、実証実験の成果報告書をＪＩＰＤＥＣに納品し、最後の総会を経てコンソーシアム解散。

ともあれ、実証実験は、無用の長物と化した大量の読書端末と、結局はほとんど閲覧に供されることさえなかった五〇〇〇冊分のデジタルデータ、そして積み重ねると八メートルにもなる大量の報告書（巷間、補助金一億円について報告書一メートルと言われていた）を残して終了した。そして、コンソーシアムも雲散霧消した。

実証実験が終了し、コンソーシアムが解散したのち、鈴木さんを中心に一部の残党が電子出版のベンチャーを興したが、それはまた別の物語。

ぼくが、この実証実験のために開発された読書端末で読んだ作品は、太宰治の『人間失格』一作のみだった。

3　失われた時を求めて

──二〇一五年五月某日。水道橋の居酒屋。

久しぶりに、電子書籍コンソーシアム時代の仲間と会った。一年ぶりぐらいかしらね。メンバーは、出版ニュースの清田さん、元マゼラン出版の林さん、今では主婦の友社にいる金沢さん、木曜社の及川さん、それにぼく。電子書籍コンソーシアム時代のことを書きあぐねているぼくを見るに見かねて、及川さんがみんなに声をかけてくれた。林さんが、水道橋の居心地のいい居酒屋を予約してくれた。

午後六時過ぎにはみんな集まり、初めっから、そのころ関係者のあいだで話題になりはじめていた、経済産業省が公募した「コンテンツ緊急電子化事業」（いわゆる緊デジ）などさまざまなゴシップネタで盛り上がり、気がつくと一〇時近くになっていた。

この本を書こうと思い立って、「大地」をめぐる話題やJLreqからEPUBにかけての話題などはわりとすらすら書けるのに、電子書籍コンソーシアムの、それも実際の活動を始めてから終結するまでの二年余りのことがまったく書けないでいた。記憶がほとんど残っていないのだ。みんなと歓談していて、心の片隅に押し込められていた記憶が少し蘇ってきた。とはいえ、その蘇ってきた記憶の多くは、やはりあまり気持ちのいいものではなく、電子出版の在り方とか、書物の未来とはかかわりのない下世話な人間関係をめぐることがほとんどだった。

及川さんは、その人間関係が小説ネタとしておもしろいのですよ、と言う。まあ、そのとおりなのだろうが、ぼくがこの本で書いておきたいこととは少しちがっている。でも、いくつかは、ああそうだった、完全に忘れていたけれど、といったことがあった。

一つは、コンソーシアムが、出版社から会費というか参加費を集めていた、ということ。事後的なぼくの記憶には、リスクを負うことなく政府からの補助金のおこぼれにあずかろう、という出版各社の当事者意識のなさのみが残っていたのだが、実際にはコンソーシアムに参加した一〇〇社以上の出版社は、少なくとも数十万円の参加費を払って実証実験に参加したのだった。通産省からの補助金は、NTT、日立、シャープの三社のハードウェアやシステムの開発費に充てられ、コンテンツの提供にあたって出版社側は事前には一切対価を得ることはなかった。実証実験中に、実際に購買が発生したタイトルについてはわずかな対価を受け取る契約とはなっていたが、実際に売り上げが立ったタイトルはごくごく少数のものだった。

いずれにしても、電子書籍コンソーシアムの活動において、出版社は持ち出しこそあれ一切の利益を得ることはなかった。一方のＮＴＴ、日立、シャープの三社についても、開発経費が持ち出しになったであろうこともまた想像に難くない。

それにしても。当初、電子書籍コンソーシアムは、実証実験終了後もそのまま実際にビジネスに移行する、という触れ込みで出版社への参加を呼びかけていた。参加した出版社は、その呼びかけを信じていたのだろうか。今となっては調べようもないことだが、のちの出版デジタル機構の動向や緊デジの顛末を見ていると、何だか同じようなことを何度も繰り返しているなあ、という思いに駆られる。

思い出したことのもう一つは、見開きや縦組の組版といった従来の紙による書籍の形態、広い意味でのユーザーインタフェースへのこだわり、ということ。コンソーシアム設立や通産省への補助金申請以前から、関係者の間では見開き表示へのこだわりが強くあった。紙の本が見開きで読むものなのだから、電子書籍も見開きであるべきだ。そして、紙の本のレイアウトをあたうかぎり忠実に保存すべきだ。そのためには、紙の本のイメージデータによる複製とそれを忠実に再現できるディスプレイが不可欠だ、と。

このような紙の本のメタファーへの徹底的な拘泥に、シャープが開発した高精細液晶が見事に呼応した。実際にはコストの関係で、このプロジェクトのためにシャープが開発した読書端末は、アイパッド（iPad）やキンドル（Kindle）と同様、縦型のディスプレイで片ページを読むという形態になった。思い返すと、そのことを出版社側の主導者たちに説明し承認を得るのにも、うんざりするような根回しと手続きを経なければならなかった。

金沢さんが、「見開きへのこだわりなんて、ほんとナンセンスよね。今では、キンドルでもアイパッドでも、だれも電子書籍を横向きにして見開きで読むなんて、していないもの」と言った。この言葉がすべてを言い尽くしている。たしかに新しいメディアが社会に受け入れられるためには、どこかしら古いメディアを想起させるメタファーがなければならない。しかし、古いメディアへの過度のこだわりは、結局は新しいメディアの普及を阻害することになってしまう。絵が出るラジオにしても、電話線のいらない電話にしても、メタファーのどこかに古いメディアを否定する何かがなければならない。さしずめ、近ごろ普及しているアイパッドやキンドルなどの電子書籍リーダーは、従来の本との対比では、「見開きでではなく縦型片ページで読む本」といったことになるのだろう。

もう一つの旧メディアへのこだわり。紙の書籍の組体裁への徹底的なこだわり。ぼくには、それを一概に否定するつもりは毛頭ない。実際、現在でもぼくは多くの本を自炊し、実際にアイパッドで読んでいる。やっていることは、原理的には電子書籍コンソーシアムでやろうとしたこととまったく変わらない。ちがいは単なる技術の進展。コンソーシアム当時、175 dpi だといって大騒ぎしていたモノクローム液晶ディスプレイは、今や 300 dpi を超えるカラー液晶にとって代わられた。クリックとよばれていた可搬型の記憶装置は四〇メガバイトの容量しかなく、数冊のコンテンツしか保存できなかった。今では安価なSDカードでも数ギガバイトから数十ギガバイトの容量を持ち、イメージデータ化したものでも数十冊から数百冊のコンテンツを容易に保存できる。

インターネットの回線も当時は遅かった。ダウンロード用の装置が設置してある書店かコンビニエンスストアに出向き、コンテンツデータが通信衛星を用いて転送されてくるのを数十分待たなければならなかった。回線の遅さをカバーするため、計画が途中で変更され、コンテンツデータはキオスク端末のハードディスクに保存することになったが、こんどは、事務局に出向してきていたメーカー各社の社員が手分けして、北海道から九州までコンテンツデータの入ったハードディスクを設置して回るという、おばかなことをしなくてはならなくなった。今では、ぼくの自宅に入っている光ケーブルでも、1 Gbps 程度の通信速度があり、テレビ放送ですらその光ケーブルを通して送られてくる。

今となっては、しかし、考えるべき問題圏は別のところにある。固定レイアウトか、リフロー可能なレイアウトか。レイアウトが伝える情報について、ぼくたちはもっと深く考える必要がある。

近ごろ、ぼくは、父親の代から続けていた朝日新聞の講読をやめた。直接の理由は、池上彰原稿の掲載をめぐるドタバタにある。やめてみて、ぼくが愛読していた記事の多くが、インターネットで無料で読むことができることがわかった。しかし、インターネットのサイトを経由して読む記事は、毎朝自宅に届けられる紙の新聞で読むのと何かがちがっていた。憲法審議会で自民党推薦の参考人も含め、三人が三人とも集団的自衛権は違憲だとの意見陳述をした、とのニュースを読んでいて、そのちがいが少しわかったような気がした。

たまたま旅行に出ていて、旅館で紙の朝日新聞を読んだ。「朝日新聞、大はしゃぎだね」と妻に言った。1面に大見出しで違憲意見陳述の記事が掲載されていた。

どの面にどの程度の見出しで記事を掲載するか——それは、整理部にとってまさに腕の見せどころなのだろう。その紙面レイアウトからは、現場の取材記者から始まって、論説委員やら整理部員やら、社をあげての昂揚ぶりが伝わってきた。そう、この昂揚ぶりが電子版からは伝わってこないのだ。毎朝配達される紙の新聞にあって、電子版では欠如する情報は何か——情報の送り手側も受け手側も、この部分をもっと真剣に考えるべきだろう。そのような議論の積み重ねの先にしか、新聞が果たしてきた役割を未来につなげる方策はなかろうに。しかし、この昂揚ぶりを読み取るためだけに、毎月四〇〇〇円なにがしかの購読料を払うっていうのも何だかなあ。

それにしても、鳴り物入りで電子化された五〇〇〇冊余りの書籍のデータは、その後どうなったのだろう。鈴木さんの会社が引き取って、出版社各社と改めて契約をやりなおしたのかしら。電子書籍コンソーシアムでは、出版社からコンテンツの提供を受けるにあたって、著者と出版社との間の出版契約書のひな型も用意した。出版社の担当者はそのひな型を持って、了解を得るために著者のもとを訪ねまわったはずだ。

及川さんから、著者が出版契約書の締結を拒絶する、という笑い話のような本当の話を聞いた。版元と著者は一心同体、お互いに信頼関係で結ばれているのだから、形式的な契約など不要だ、というのだ。出版社も出版社なら、著者も著者。のちのキンドルやコボ（Kobo）などの電子書籍が日本に進出する際に、このような曖昧な関係の間隙を突かれることになる。

4　夢のあとに

❶　日本出版学会での総括

鎌田さんの諫言は見事に当たった。まるでデルフォイの神託か、マクベスの魔女の予言のように。

二〇〇〇年五月に、ぼくは、清田さんに誘われて入会したばかりの日本出版学会で、小さな報告をした。そのときのレジュメがぼくのハードディスクの中から見つかった。鎌田さんが、おもしろがって、鎌田さん自身が運営するEBook 2.0フォーラムに掲示した（http://www.ebook2forum.com/2012/02/kobysh-blog-memoirs-in-digital-publishing-history-6/）。鎌田さんの《解題》ともども再録する。

《解題》

ここでご紹介する「発掘」資料は、小林さんが約一二年前に「電子書籍コンソーシアム」の総括として書かれたもの。当事者の総括としては前代未聞。歯切れよく、コトの本質を突いたテーゼになっており、今日でも光彩を放っている。というより、誰も反省しなかったね。ここ数年の「プロジェクト」はまさに惰眠の中で放置された「幻想」の拡大再生産だった。高い授業料を払った失敗にこそ価値がある。学べる人さえいれば。（鎌田）

●デジタルコンテンツの利用の可能性を探る

電子書籍コンソーシアムの実証実験を終えて——出版学会第二回出版流通部会勉強会

二〇〇〇年五月

小林龍生（（有）スコレックス）

1　「ブックオンデマンドシステム総合実証実験」とは何だったたか：出版業界主体を標榜したプロジェクト。既存書籍メタファーへの徹底的なこだわりが根底にあった。イメージデータにより、大量の書籍を一気にかつ安価に電子化することと、通信衛星による大容量コンテンツの配信を試みた。

2　何が問題だったか：イメージデータ→大容量→既存インターネット利用不可→衛星配信→既存書店・コンビニエンスストアの活用、という論理構成を取った。しかし、この論理構成は、結果的には、従来の流通組織温存のための格好の「言い訳」となってしまった。電子商取引の要諦は、流通コストの徹底的な削減にあり、既存の流通システムを破壊する勇気が必要だった。結果的には、大容量コンテンツの通信コストを含め、トータルとしての流通マージンがマーケット拡大を阻害することを露呈してしまった。

3　何が問題だったか：出版社主体を標榜しながら、プロジェクト終結に至るまで、出版業界から事業化を推進するための主体的な動きが見られなかった。一方、「著作隣接権」や「編集権」が法的にも契約による商習慣としても確立していないことが明確になることにより、「出版社はコンテンツを持っている」という漠然とした共通認識が、幻想であることが明らかになった。映画界や音楽界において著作権代行業務が、国際的な市場競争を背景として、明確な役割を確立していることと対照的な現状を露呈した。さらに、著作権という概念自体が、デジタル革命の波の中で、疲弊していることも明らかとなった。

4　電子書籍という幻想：一方、書物という概念が、紙に印刷され製本された「物質性」と抜き差し難く結びついていることが明らかとなった。今後、電子媒体を用いた広い意味での文書の流通は拡大することと思われるが、狭義の書物が電子的に流通する可能性は、低いと思われる。また、プリントオンデマンドを含め、最終的には「物質性」を保持することを前提として、中間段階の電子化はますます進展することと思われる。

当時、小林さんの「コンソーシアム」参画は、止めようとして果たせなかった。〝低反発マットレス〟のような雰囲気の、予算消化型テクノロジー・プロジェクト遂行「組織」にあって、弁慶の仁王立ちになる姿が目に浮かんだからだが、思い届かず。以後しばらくお目にはかからなかったと思う（編集子の諫言は的を外したことはないのだが、以後気まずくなって没交渉となった人が多いのは、徳が薄いため）。それにしても、当時の総括がまったくこの二年間の日本の状況に当て嵌まってしまうところが凄くもあり、悲しくもある。（鎌田）

今にして振り返ると、最後の項目だけは幸いにして誤っていた。ＥＰＵＢ３の制定とキンドルの日本進出を契機として、日本の電子出版は大きな発展に向かいはじめることになる。しかし、それはずっと後になってのまた別の物語。

電子書籍コンソーシアムが解散し、ぼくは文字どおりのインディペンデントになった。コンソーシアム参画の直後、一九九九年一一月に自分の個人会社として有限会社スコレックスを設立していた。といっても、蓄えなどあるわけがない。妻を拝み倒して、設立資本金の三〇〇万円全額を出してもらった。だから、長男に代表取締役を引き継いだ今も、スコレックスのオーナーはぼくの妻。インディペンデントとしてやっていくうえで、不安がなかったわけではない。しかし幸いなことに、電子書籍コンソーシアムで知遇を得た大日本スクリーン製造の沼田さんや池田さんが手をさしのべてくれた。

❷ 沼田秀穂さんと池田佳代さん

沼田秀穂さんは大日本スクリーンで、豊泉昌行さんらとともにヒラギノを中心とするフォント部門を立ち上げ、ヒラギノフォントをマックのデフォルトとしてアップルに売り込んだ中心人物だ。学生時代、スキーの直滑降をやっていたという経歴からもうかがえるが、容姿に似合わぬ剛胆さをもっていた。電子書籍コンソーシアムの会合には、当初は中心的な会員会社の代表として積極的に参加していたものの、コンソーシアムの先行きが怪しいとみるとさっさと見切って、あとは部下だった池田さんに託すという、ある種敏腕ビジネスマンらしい割り切りも持っていた。一方の池田佳代さんは、千葉大学、東京理科大学で学んだ才媛。大日本スクリーンが製品化していたイメージセッターを蹴っ飛ばして直す、という特技も持っていた。

そんな二人が、上司に口添えをしてくれたのだろう。大日本スクリーンが、電子書籍コンソーシアム解散後、スコレックスにとっての最初のクライアントになってくれた。あとは、ジャストシステムでのデジタル文化研究所所長（浮川社長の「べつに所長が社員でなければならない、ということはないだろう」との配慮で、復帰することになった）と、NTTドコモ（NTT DoCoMo）や電通などの細々としたコンサルテーション業務で糊口をしのいだ。

大日本スクリーンとは、沼田さんや池田さんを含む数人の中堅社員と、同社がもつ技術シードのビジネス展開の可能性について、ケーススタディの形で議論した。この経験はしごく刺激的で、ぼく自身にとってもおおいに勉強になった。また、同社が受注した多言語環境調査なども一緒に行なった。この調査にはヒデキこと樋浦秀樹も加わった。このケーススタディの成果の一つが、同社のもつフォントを中軸とするプリプレス分野での要素技術の展開だった。

朝日新聞社の電子制作システム「ネルソン」が時代とともに陳腐化してきて、全面更改を図るということで、大日本スクリーンもユニコードベースの提案でフォント管理部分の受注に成功した。受注が決定した時点で、沼田さんや池田さんは大日本スクリーンから独立し、有限会社エクセリードを設立する準備を進めていた（実際の会社設立は二〇〇二年）が、朝日新聞社からの受注の条件として、大日本スクリーン退社後も沼田さんがプロジェクトリーダーを続けること、という異例の申し入れがあったと仄聞している。

エクセリード組はその後も、国際情報化協力センター（ＣＩＣＣ）の東南アジア関連の多言語プロジェクトや、東京外国語大学の多言語入力システムなどで八面六臂の活躍をする。情報処理推進機構（ＩＰＡ）の文字情報基盤事業でもＩＰＡフォントの制作管理やライセンス策定などで中心的役割を果たしている。さらに驚嘆すべきことに、二人は多忙なビジネスの間隙をぬっていつのまにか博士号を取得し、いまでは大学の教授や准教授としてさらに活躍の場を拡げている。沼田さんと池田さんは、ぼく自身にとっても、かけがえのない盟友でありつづけている。

❸ 及川明雄さん

事務局長だった及川明雄さんとは、仕事のうえでもおもしろい関係が続いている。

電子書籍コンソーシアムには、時代の変革に不安を抱くさまざまな人たちからの問い合わせがあった。そのなかに校正者クラブからのものがあった。曰く、電子書籍になると校正者の仕事がなくなるのではないか、云々。校正者や校閲者の役割は、しかし、電子書籍以前に、電子入稿が一般化しはじめたころから大きく変化しはじめていた。出版内容そのものにも変化があった。日本や中国の古典文学、古典籍を集めた重厚な全集本の出版企画そのものがなかなか成立しなくなり、高度な知識を修めた校正者や校閲者への需要が激減していた。一方、著者が原稿そのものをワープロで執筆するようになり、一般の新刊書に関しては、活字や写植の組版を正すという校正のプロセス自体があまり意味をなさなくなってきていた。そんな背景もあってのことだろう、校正者クラブの人たちの危機感にはただならぬものがあった。しかし、コンソーシアムとして、できることは何もなかった。

小学館で編集者をしていたころ、ぼくは印刷現場の大きな技術変革とそれに伴う待ったなしの業態の改変を目の当たりにしている。そのころ、マンガ雑誌や児童誌のマンガページなどは、マンガ家の原稿に写植（ネームといった）を貼り込み、それを一ページ一枚の凸版に製版し、そこからさらに紙《し》型《けい》取りをしたうえで、輪転機用の凸版を起こす、という手順をとっていた。それが、印刷会社の技術革新で、原稿をフィルム撮りしたうえで直接、樹脂製の凸版を起こすことが可能となった。そうなると、紙型以前の凸版を起こす、いわゆる製版屋さんの仕事が消滅する。それに対応するため、製版屋さんはこぞって写植入力の技術を高め、そこに特化する方向転換を図った。方向転換を許れずに廃業した製版屋さんもあった。ぼくは、そのような技術革新の、ある種残酷な面も間近に目にしていたのだった。

ＪＩＳ　Ｘ０２０８やＪＩＳ　Ｘ０２１３の標準規格開発で勇名を馳せていた東京外国語大学の豊島正之さんから相談を持ちかけられたのは、電子書籍コンソーシアムが終焉を迎えたころだったと思う。それは、『国語学』（当時の国語学会の学会誌）の一部電子化を業者に発注したが入力精度が悪すぎて使いものにならない、だれか電子データを校正してくれる人はいないか、という問い合わせだった。ぼくが相談すると、事務局長だった及川さんは即座に校正者クラブの代表をやっていた中山良昭さんに連絡をとり、校正技能に優れパソコンの扱いもある程度経験がある複数の校正者を集めてくれた。

豊島さんは、このチームの成果を高く評価してくれて、なんと『国語学』の残り全巻の電子化を発注してくれた。作業手順について、ぼくは一計を案じた。まず、各巻の全ページをスキャナーで電子画像化する。次いで、それをＯＣＲソフトにかけてテキストファイルを作成する。ＯＣＲアプリケーションを用いて、同一画面上で校正作業を行なう。正直なところ、当時のＯＣＲソフトの性能は完璧とはほど遠いものだった。ましてや、『国語学』の誌面は戦後まもないころのものも含めてかなり日焼けしており、さらに当時のＪＩＳ　Ｘ０２０８に含まれない漢字も多々あった。とてもではないが、ちょっとやそっとでは使いものにならない。

しかし、そこは手練れの校正者たち。視線の移動が少なくて済むうえに、キーボードやアプリケーションの扱いの技術の習熟に伴い、作業効率はどんどん向上していった。電子書籍コンソーシアムが解散し、正真正銘の自由業（すなわち無職）となったぼくも、妻とともに下準備のためのスキャニングやＯＣＲ作業、納品のための最後のファイルのまとめ作業などを手伝った。この作業は二、三年は続いただろうか、全巻の電子化をやり遂げた。ずっと後になって、ある国語学者から聞いた話だが、この『国語学』の電子テキストは専門学会誌の電子化としてはお手本のような品質で、多くの人が「どうやったのですか」と質問しても豊島さんはにんまり笑って答えなかったという。

豊島さんは、発注のたびに詳細な仕様書を作成し、作業者による差異ができるだけ少なくなるように工夫していた。とくに、漢字についての、そのまま入力する文字をＪＩＳ Ｘ０２０８の範囲に限定し、それ以外の文字はできるかぎりＵＣＳ（国際符号化文字集合）の符号位置を入力する、といったやり方は、時代の制約と情報の保存の折り合いの付け方としては、しごく納得できるものだった。豊島さんの厳しい注文は、結果的にはチーム全体の技能を著しく向上させた。

及川組は、元来持っていた古典籍校正のノウハウに加えて、ＪＩＳやＵＣＳの符号化文字集合に関する知識、ソフトウェア操作の習熟などが加わり、他を以て代えがたい技能集団となっていった。発注元も、豊島さんだけではなく、初期のＡＴＯＫ監修委員だった近藤泰弘さん（青山学院大学）夫妻や、情報規格調査会ＳＣ２専門委員会、高田智和さんをはじめとする国立国語研究所などに広がっていった。ぼくがかかわっているＩＰＡ文字情報基盤整備事業でも、及川組は欠くことのできない存在になっており、スタッフ内部では「困ったときの及川組だより」といった言い方まで存在するようになっている。

二〇一四年八月三〇日、角川文化振興財団の主催で、東アジア漢字データベースシンポジウムが開催された。そこで紹介された日本のデータベース四種のうち、二つに及川組がかかわっていた。及川さん自身が、及川組のしてきた仕事の意味を再認識された様子だった。

及川組の成立を横目で見てきた者として、ぼくはちょっと誇らしい思いをした。結果的には、及川組は、日本の電子テキストにおけるスコラリーエディション（校訂作業を経た学術用電子化テキスト）の在り方について一つの理想的な形を実現できたのではないか。すなわち、

・発注者による厳密な仕様書の存在（典拠とする底本の指定も含む）
・パソコンとアプリケーションの操作に習熟した専門校正者の技量
・コンテンツを生かすための先端技術を背景としたシステム設計

といったことが有機的に噛み合うことにより、初めて使いものになる学術データベースが構築できる、ということだ。

このことは、裏を返すと、学術出版物の電子化の困難さとも通じるところがある。及川さん自身がしばしば遭遇するように、競争入札による単価のたたき合いにより、低品質の成果物が納入され、結局は再校正が必要だという、初期に豊島さんが遭遇したような状況が今でも頻出している。及川組のような高度なスキルを持った職能集団が、安心して仕事を続けていけるような状況をつくりあげていくことも、今後の電子出版の安定的な発展のためには不可欠なことだろう。

❹「一太郎文藝」

及川さんとは、ジャストシステムでもおもしろい仕事をした。文芸書執筆・制作用ワープロ「一太郎文藝」。これは二〇〇五年の夏に製品化された。

きっかけは、大日本印刷伝来の秀英体。旧知の高橋仁一さんから、秀英体をオープンタイプフォントとしてつくり直しているのだけれど、何かおもしろいことはできないか、と声をかけられたのを契機に、企画を考えた。二〇〇四年にJIS X0213が表外漢字字体表の答申を反映させる形で改正され、二〇年余り続いたJIS漢字コードと常用漢字表を軸とする国語施策のきしみが解消されたことも、大きな契機となった。そのころジャストシステムと接触のあった複数の文芸出版社からの、作家の執筆に適した日本語ワープロが欲しい、という要望に答える意味合いもあった。

そうした状況や要望を勘案したうえで、ぼくたち大日本印刷とジャストシステムの合同企画チームの議論は、次のようなコンセプトに収斂していった。

・秀英体という日本の文芸出版とは切っても切れない書体の搭載を前面に押し出す。
・ATOKの辞書をカスタマイズし、とくに当用漢字以来の手書き文字に起源する略体字での表記とそれに対応するいわゆる康熙字典体での表記を併存させ、文語体変換モードとあわせて正字旧仮名による表記の利便性を高める。
・複数の判型で、小説・随筆用、短歌用、俳句用などの版面設計のテンプレートを用意し、手近なプリンターと簡易製本で手軽に本の形にする道筋を示す。

企画を固めていく過程で、ぼくたちのなかには、あるユーザーイメージが浮き上がってきた。すなわち、自分史を試みる人のためのワープロ。

ＡＴＯＫ監修委員会の座長としてお世話になりっぱなしの紀田さんに、『生涯を賭けた一冊』（紀田順一郎著作集第六巻所収）という名著がある。一冊しか著書を残さなかった著者が、その一冊ゆえに後世に名を残したといった本と人をとりあげた作品なのだが、ぼくにとっては紀田さんの数多の著書の中でも最も好きな一冊だ。ひとかどの生き方をした人なら、ひとかどの本が一冊は書けるだろう。そうして成った本は、書いた本人にとっても、そして僥倖に恵まれれば多くの読者にとっても、かけがえのない一冊になるだろう、紀田さんがとりあげた本と人のように。

ぼくは、またまた及川さんに声をかけた。困ったときの及川だよりだ。及川さんは、自分でも多くの自費出版作品の制作を手がけていたこともあり、製品に添付するＢ６判やＡ５判用のテンプレートの制作から、マニュアルとは別に製品に添付することとなった「一太郎文藝の世界」（図２・１）という自分史本のつくり方の制作に至るまで、プロの編集者としての手腕を十二分に注ぎ込んでくれた。この冊子に紀田さんは「だれでも三冊の本が書ける」という珠玉の随筆を寄せてくれた。

図 2.1　「一太郎文藝の世界」

「『だれでも一生に三冊は本を書くことが出来ますよ』と、私はある出版編集者からいわれたことがある。『一冊は自分の経歴について。一冊は自分の仕事内容について。もう一冊は自分の好きなこと、たとえば趣味について』」

この書き出しが、「一太郎文藝」を手に取ってくれたユーザーをどれほど鼓舞したかは想像に難くない。ふと思い返して、「一太郎文藝」のパッケージを引っ張り出してきた。まず特筆すべきは、そのパッケージの豪華さ、というより仰々しさだ。たかがワープロソフトのパッケージにしてはいかにも大仰としている。過剰包装もいいところだ。しかし、モノとしての存在感がしっかりとしており、パッケージを紐解く（実際、紐が掛かっている！）ときの期待感はただものではない。なかに数枚のCD-ROMやマニュアルとともに「一太郎文藝の世界」が入っている。これを開いてみると、紀田さんや及川さんの文章とともに、テンプレートを用いた組見本が掲げられている。改めて眺めてみて、ぼくは変に感動した。えっ、これって一太郎?といった類の驚きがある。B6判用としては、小説やエッセー、評論用の一段組と、ミステリーや日記などのためのやや詰まった二段組、それに短歌用、俳句用、目次や扉、奥付の見本まである。A5判用では、一段組、二段組に加えて、児童書・童話用の文字の大きめなものと、やはり短歌用、俳句・川柳用が。どれも、秀英体の（現代の書体に比べると）やや小ぶりなデザインを生かした、すっきりとして品のある版面になっている（図2・2）。

これらの版面デザインは、及川さんが懇意にしているプロのデザイナーに、秀英体を前提とした設計を依頼し、ジャストシステムのスタッフが「一太郎」がもつ機能を駆使してテンプレートに仕上げたものだ。「ねえねえ、小林敏先生、この組版、見てよ。これ全部、一太郎」と、思わず自慢したくなってしまう。小林先生が、めがねをずりあげて、目を版面にくっつけるようにしてねめ回しながら

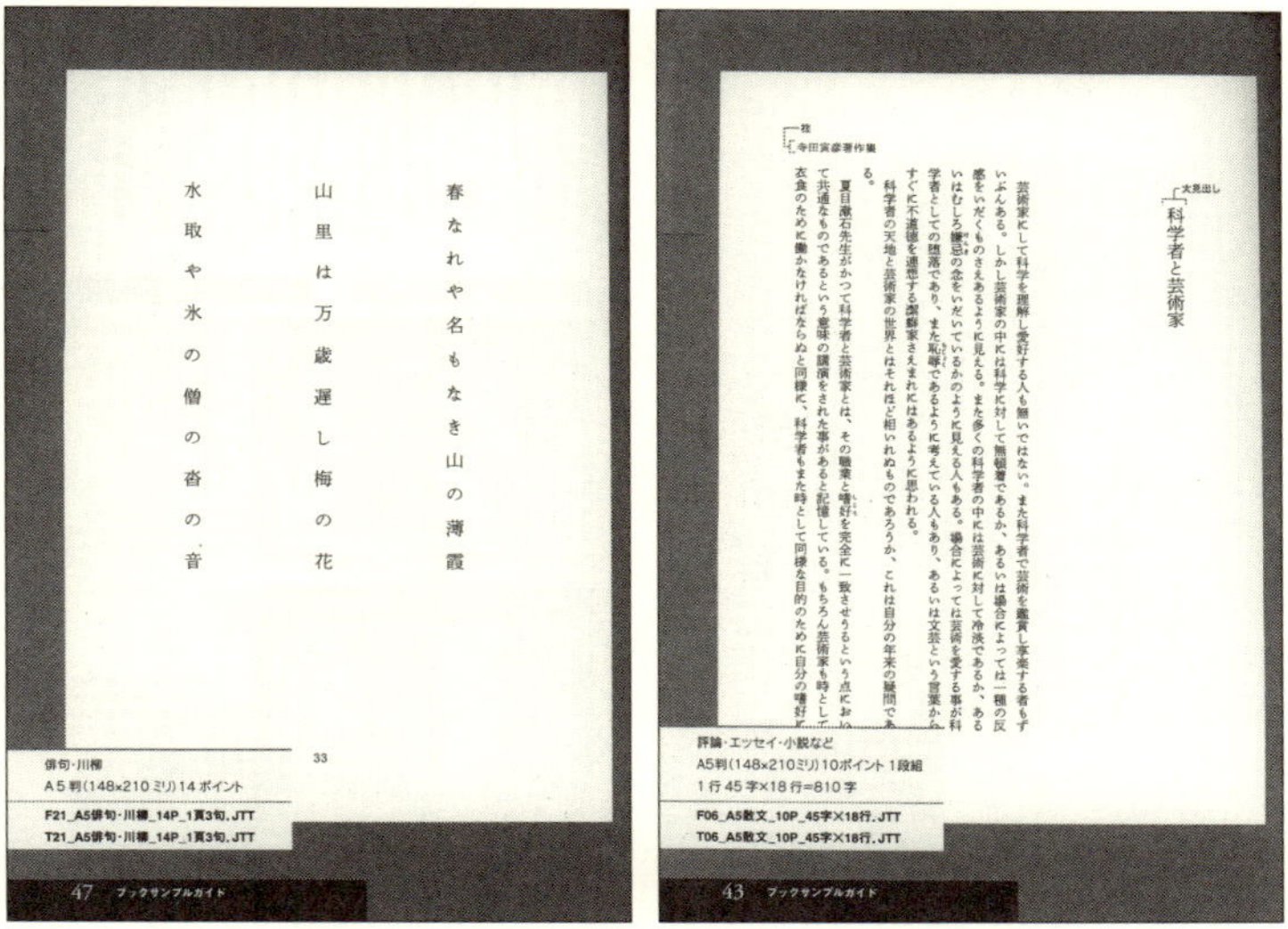

春なれや名もなき山の薄霞

山里は万歳遅し梅の花

水取や氷の僧の沓の音

33

俳句・川柳
A５判(148×210ミリ)14ポイント

F21_A5俳句・川柳_14P_1頁3句.JTT
T21_A5俳句・川柳_14P_1頁3句.JTT

47　ブックサンプルガイド

大見出し
科学者と芸術家

芸術家にして科学を理解し愛好する人も無いではない。また科学者で芸術を鑑賞し享楽する者もずいぶんある。しかし芸術家の中には科学に対して無頓着であるか、あるいは場合によっては一種の反感をいだくものさえあるように見える。また多くの科学者の中には芸術に対して冷淡であるか、あるいはむしろ嫌忌の念をいだいているかのように見える人もある。場合によっては芸術を愛する事が科学者としての堕落であり、また恥辱であるように考えている人もあり、あるいは文芸という言葉からすぐに不道徳を連想する謹厳家さえまれにはあるように思われる。

科学者の天地と芸術家の世界とはそれほど相いれぬものであろうか、これは自分の年来の疑問である。

夏目漱石先生がかつて科学者と芸術家とは、その職業と嗜好を完全に一致させうるという点において共通なものであるという意味の講演をされた事があると記憶している。もちろん芸術家も時として衣食のために働かなければならぬと同様に、科学者もまた時として同様な目的のために自分の嗜好に

柱
寺田寅彦著作集

評論・エッセイ・小説など
A5判(148×210ミリ)10ポイント 1段組
1行45字×18行=810字

F06_A5散文_10P_45字×18行.JTT
T06_A5散文_10P_45字×18行.JTT

43　ブックサンプルガイド

図 2.2　「一太郎文藝の世界」に収められた組み見本の例

「でもね、小林さん、ここのところちょっと」などと、あら探しをして文句をつける様子まで目に浮かぶ。

「一太郎文藝」のレイアウトエンジンは、すでに出荷されていたその年の一般の「一太郎」用のものに一切手を入れずに用いた。だから、秀英体のフォントとこれらのテンプレートを用いれば、一般の「一太郎」でも同じような組版が可能となる。

とはいえ、そのころの「一太郎」のレイアウトエンジンは、ぼくがジャストシステムに入社した当時のそれとはまったく別のものとなっていた。SuperDTP「大地」は、発売当時としてはＤＴＰにかかわるすべての人にとってまさに垂涎の的だったが、ご多分に漏れず技術の進展に伴うハードウェア価格の急速な下落の影響を受けて競争力を失い、やがて市場から消えていった。し

かし、「大地」で培われた技術的蓄積は、さまざまな形でその後のジャストシステム製品に生かされていく。その筆頭がレイアウトエンジンで、「一太郎文藝」のころのレイアウトエンジンは、じつは「大地」のエンジンそのものといってもいいものに置き換わっていた。なにしろ、「大地」の開発責任者だった佐尾山英二さんが「一太郎」の開発責任者になっていたのだから。「大地」がもっていたプロ向けの微細な調整機能、たとえばフォントの詰め打ち機能（写植でいうところの「12級11歯送り」みたいなもの）はあえて封印されていたけれど。

❺ 市井の人々の道具

「大地」で制作された『普遍論争』もそうだが、「一太郎文藝」の組見本を眺めていると、道具というのは使い手次第だ、ということをつくづく思い知らされる。DTPやワープロの組版機能はちょっと、という人がいるが、小林敏先生の手になるものも含めて、既存のDTPやワープロで手練れの編集者とオペレーターが心血を注いで練り上げた版面を見たうえで、言挙げしたほうがいい。へたをすると、自分の無知と技術レベルの低さを露呈してしまう。そのうえで文句があれば、「でもねえ」と該当のシステムの機能では実現できないことを揚げ連ねていくがいい。そこから議論が始まり、技術革新が始まる。

「一太郎文藝」は、定価五万円で発売された。通常の「一太郎」の二倍以上の価格設定になっている。製品化会議の途中で、浮川和宣社長がぼくのデスクのところに飛んできて、

「小林さん、担当者が五万円なんて、ベラボーなこと言っているけど、本当にいいの？」

と確かめに来た。ぼくの答え。

「いいんですよ、社長。高い対価を払ったほうが、ユーザーはお金を無駄にしないために、一生懸命原稿を書くでしょ。この価格設定は、ユーザーが文章を書くモチベーションを高めるための対価なのですよ、へへへ」

ぼくは、そのころメタボ対策のためにスポーツジムに通っていて、ジムの会費が自分のモチベーションを維持するための大切な動機付けになっていることを身に沁みて理解していた。

及川さんは、「一太郎文藝」にかかわる仕事をもう一つ成し遂げてくれた。それは、とあるパソコンスクールとタイアップして企画した、「一太郎文藝」を用いた自分史講座の講師という役割だった。試験的なものだったために受講者がそう多かったわけではない。しかし、「一太郎文藝の世界」をテキストに、「一太郎文藝」そのものを用いて、受講者がそれぞれに執筆した原稿は、簡易製本ではあったが立派な一冊の文集として結実した。

その出版記念会を横浜の中華街でやるという。ぼくも行きがかり上参加した。今思い出してもちょっとウルウル気分になるような、素敵な会だった。参加者の全員が、そう小学校の学芸会のように楽しそうな笑顔で語り合い、飲食していた。もちろん、文章そのものは職業的な文筆家には及びもつかないものだったが、文は人なり、円卓を囲んだ一人一人の顔と語り口が見事なほどにそれぞれの作品に映し出されていることに、深い感銘を受けた。

二年ほど経って、紀田さんの古希のお祝いに、及川さんとともに招かれた。この会はちょっとおもしろい趣向で、パーティーに先立って紀田さん自身が小一時間ほど、幼少時のエピソードに触れた講演をした。この講演がすこぶる興味深いものだった。パーティーを途中で抜け出して、及川さんと飲み直した。その場でぼくたちは、この紀田さんの講演を本にできないだろうか、と語り合った。及川さんはやはり名編集者。あれよあれよという間に、紀田さんの了解を取り付け、版元まで決めてしまった。紀田順一郎さんの『横浜少年物語』（文藝春秋、二〇〇九年）という本が出版された。

前著『ユニコード戦記』を書くにあたって、紀田さんの『生涯を書けた一冊』、『だれでも三冊の本が書ける』、『横浜少年物語』がつねに念頭にあった。紀田さんの足下に及びもつかないが、ぼくにもぼくなりに自分の物語が書けるにちがいない、あの中華街に集った市井の著者たちのように、という気持ちをおおいに鼓舞された。

近年、キンドルのダイレクトパブリッシングを筆頭に、電子書籍の世界では、既存出版社の手を経由しない、いわゆる自己出版が増えつつある。じつは、電子出版・電子書籍の普及で、いちばんの恩恵を被るのは、ぼくが中華街で会ったような市井の執筆者のたった一冊の自分史なのではないか。それだけでも、電子書籍という新しいメディアには市場を変革する大きな意義があるにちがいない。

電子書籍コンソーシアム時代に、楽しい思い出なんて一つもない。ぼくにとっては、人生の汚点というか、無駄な時間を過ごした、という悔悟の念が強い。しかし、沼田さんと池田さんのエクセリード組、そして、及川さんの知遇を得たことは、悔悟の念を補って余りあるものがある。

第3章　EPUB戦記

1　JLreqという出来事

二〇一〇年一〇月七日、ぼくが台北にいたことは「まえがきに代えて」に記した。それにしても、どうしてぼくがEPUBに日本語組版機能を反映させるための会議に参加することになったのだろう。話は遡る。

――二〇〇五年四月。ドイツ、ベルリン。

ぼくは、再びベルリンにいた。前の年、二〇〇四年の秋、SC2の議長として初のJTC1総会に出席した。その折のことは『ユニコード戦記』にも書いた。SC23議長だった戸島知之さんに誘われて観に行ったシュターツオパーの「椿姫」がとても印象深かったので、再度オペラを観にベルリンに行きたいと思ったのだった。ちょうど、国際ユニコード会議がベルリンで開催されるという。この会議で、一つの発表を申し込み、無事採択された。〝Enhancing Unicode Expression with Interlinear Annotation and Replacement Characters〟というタイトルで、標準化の際、煮え湯を飲まされた、思い出の Interlinear Annotation Tag（いわゆるルビタグ）を用いて、ＵＣＳで符号化されていない外字をイメージデータとして交換する可能性について論じたものだった。

この会議の場で、エリカ（Elika Etemad）の〝Robust Vertical Text Layout and CSS3 Text: Using the Unicode BIDI Algorithm to Handle Complexities in Typesetting Multi-script Vertical Text〟という発表を聞いた。エリカはそのころプリンストン大学の学生。Ｗ３Ｃの Invited Expert として積極的に活動していた。

ここで、ちょっと技術的な背景を説明しておこう。

エリカの発表のタイトルにあるＣＳＳとは、カスケーディング・スタイルシート（Cascading Style Sheets）のこと。ＣＳＳは、ＨＴＭＬやＸＭＬを中核とするＷ３Ｃの構造化文書規格群のなかで、文書の内部構造とは独立にレイアウトを規定する役割をもつ（図３・１）。文章を書いたり読んだりするとき、その文章がどのようなレイアウトで表示されるべきかという問題は、存外と根が深く長い論争の歴史をもっている。

第１章で触れた、エディター派とワープロ派との優劣論争などもその一つだ。エディター派は、文章の内実はレイアウトとは独立に存在すると主張する。一方、ワープロ派は、文章のレイアウトと内実は不可分の関係にあり、レイアウトが変われば読者が受け止めるメッセージも変化すると主張する。まあ、人ごとモードでいえば、文章（もしくは文書）に込められた情報をどのレベルで考えるか、ということなのだが、なかなか議論が噛み合わない。

SGMLから初期のHTMLやXMLを経て、現在のCSSを含むHTMLバージョン5の世代に至るまでの構造化文書の歴史のなかでも、似たような議論のせめぎ合いが繰り返されてきた。HTMLやXMLの前身とみなされているSGMLは、文章の表現と構造を徹底して分離して考える強固な視点をもっていた。ぼく自身も含め、そのような姿勢に対して憧憬の混じった共感を覚えた人間は、日本にも少なからずいた。ユズさんが発注元の出版社のあまりにも非効率で理不尽な作業工程への介入に辟易し、その対極にあるSGMLに強い興味を覚えたであろうことも疑いがたい。

ティム・バーナーズ゠リーによって開発され、またたく間にインターネットの世界を席巻したHTMLは、そのタグ付けの方法がSGMLに酷似していたとはいえ、純粋なSGML派からすると、構造と表現の分離が中途半端なまがいもの、という評価になる。実際、HTMLバージョン3からバージョン4あたりまでは、構造というよりも表現にかかわる要素への末節的な対応が多く行なわれていた。しかし、そのことが、そのころの世上の、ウェブドキュメントにある種ゴテゴテした装飾的表現を求める要求に一致した。HTMLはその普及と軌を一にして、純粋構造化言語派から見るとかなりアンバランスな発展の仕方をしたことになる。

XMLが登場したのも、そのようなHTMLの過度の表現への依存に対するアンチテーゼと受け止めることもできる。CSSは、まさにそのような内部構造と視覚表現を明確に分離するための、視覚表現の側からの提案だった。

そのCSSを用いて、アラビア語やペルシャ語、ヘブライ語などの右から左に向けて書く言語や、

縦書き(元のレイアウト)

ぼくたちは三人だけで、この世界中でもっとも有名な中国料理店の一つに来たのだった。おきまりの小籠包と紹興酒を頼んだ。「グラスは四つね」チャーミングな若い女店員が怪訝な顔をした。四つ目のグラスにも紹興酒を注いで、それを四人がけテーブルの空いた席に置いて、ぼくたちは乾杯した。

横書き

ぼくたちは三人だけで、この世界中でもっとも有名な中国料理店の一つに来たのだった。おきまりの小籠包と紹興酒を頼んだ。「グラスは四つね」チャーミングな若い女店員が怪訝な顔をした。四つ目のグラスにも紹興酒を注いで、それを四人がけテーブルの空いた席に置いて、ぼくたちは乾杯した。

```
<!DOCTYPE html>
<html>
<head>
<meta charset="utf-8" />
<title>構造とスタイルの分離 - EPUB 戦記</title>
<link rel="stylesheet" type="text/css" href="structure-style_v2.css">
</head>
<body>

<h2>縦書き（元のレイアウト）</h2>
<div class="vertical">
<p>ぼくたちは三人だけで、この世界中でもっとも有名な中国料理店の一つに来たのだった。おきまりの
小籠包と紹興酒を頼んだ。「グラスは四つね」チャーミングな若い女店員が怪訝な顔をした。四つ目のグ
ラスにも紹興酒を注いで、それを四人がけテーブルの空いた席に置いて、ぼくたちは乾杯した。</p>
</div>
<h2>横書き</h2>
<div class="horizontal">
<p>ぼくたちは三人だけで、この世界中でもっとも有名な中国料理店の一つに来たのだった。おきまりの
小籠包と紹興酒を頼んだ。「グラスは四つね」チャーミングな若い女店員が怪訝な顔をした。四つ目のグ
ラスにも紹興酒を注いで、それを四人がけテーブルの空いた席に置いて、ぼくたちは乾杯した。</p>
</div>
<h2>ゴシック</h2>
<div class="vertical gothic">
<p>ぼくたちは三人だけで、この世界中でもっとも有名な中国料理店の一つに来たのだった。おきまりの
小籠包と紹興酒を頼んだ。「グラスは四つね」チャーミングな若い女店員が怪訝な顔をした。四つ目のグ
ラスにも紹興酒を注いで、それを四人がけテーブルの空いた席に置いて、ぼくたちは乾杯した。</p>
</div>
<h2>大きい文字</h2>
<div class="vertical large">
<p>ぼくたちは三人だけで、この世界中でもっとも有名な中国料理店の一つに来たのだった。おきまりの
小籠包と紹興酒を頼んだ。「グラスは四つね」チャーミングな若い女店員が怪訝な顔をした。四つ目のグ
ラスにも紹興酒を注いで、それを四人がけテーブルの空いた席に置いて、ぼくたちは乾杯した。</p>
</div>

</body>
</html>
```

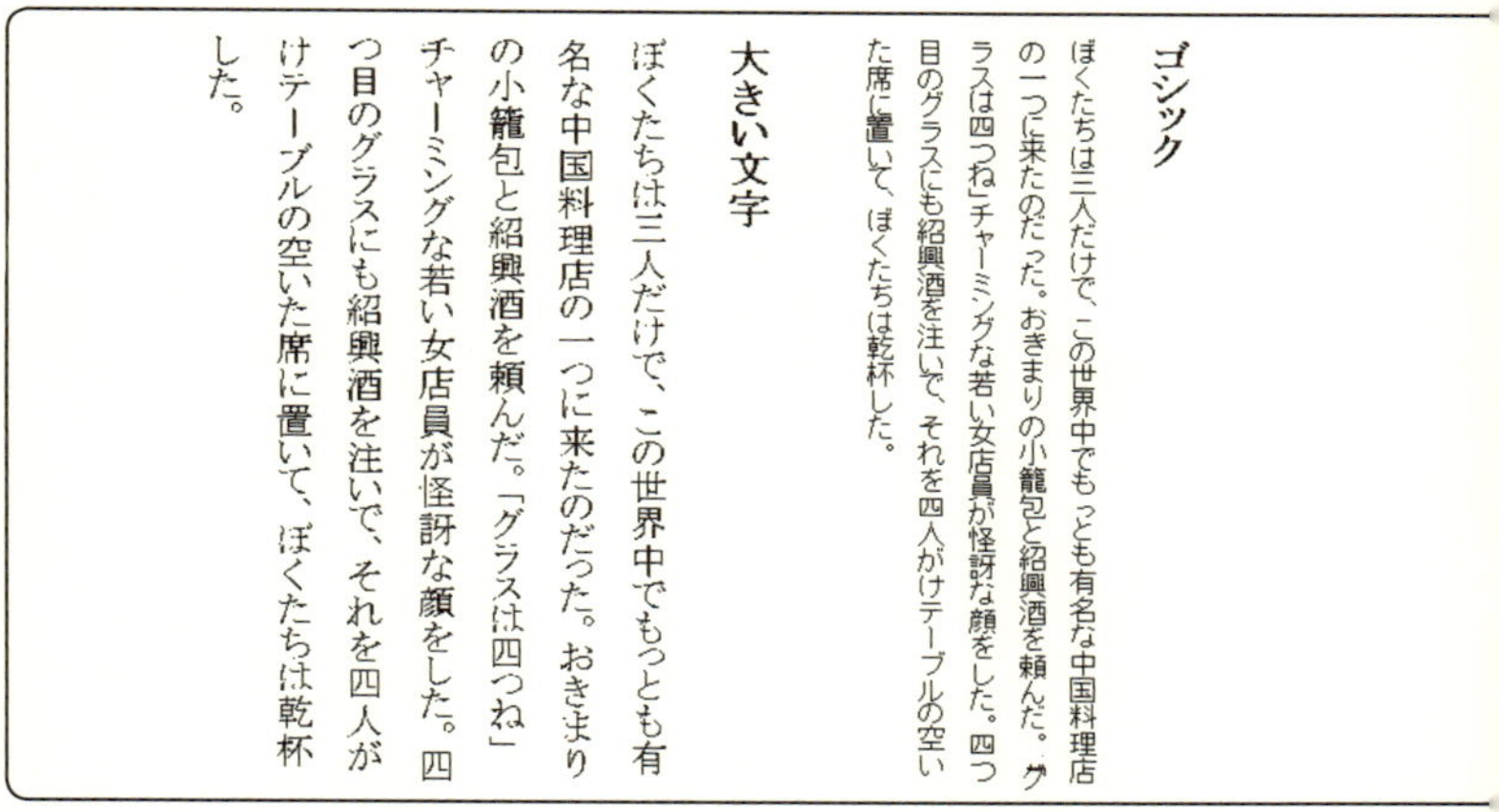
ゴシック
ぼくたちは三人だけで、この世界中でもっとも有名な中国料理店の一つに来たのだった。おきまりの小籠包と紹興酒を頼んだ。「グラスは四つね」チャーミングな若い女店員が怪訝な顔をした。四つ目のグラスにも紹興酒を注いで、それを四人がけテーブルの空いた席に置いて、ぼくたちは乾杯した。
大きい文字
ぼくたちは三人だけで、この世界中でもっとも有名な中国料理店の一つに来たのだった。おきまりの小籠包と紹興酒を頼んだ。「グラスは四つね」チャーミングな若い女店員が怪訝な顔をした。四つ目のグラスにも紹興酒を注いで、それを四人がけテーブルの空いた席に置いて、ぼくたちは乾杯した。

```
@charset "utf-8";

html, body {
    width: 100%;
    font-size:100%;
}

body {
    writing-mode: vertical-rl;
    -webkit-writing-mode: vertical-rl;
    height: 28em;
    font-family: serif;
}

h2:not(:first-child) {
    margin-right: 2em;
}

/*
* 縦書き
*/

.vertical {
    writing-mode: vertical-rl;
    -webkit-writing-mode: vertical-rl;
    line-height: 1.8em;
}
```

```
/*
* 横書き
*/

.horizontal {
    writing-mode: horizontal-tb;
    -webkit-writing-mode: horizontal-tb;
    width: 28em;
    height: 28em;
    line-height: 1.8em;
}

/*
* ゴシック
*/

.gothic {
    font-family: sans-serif;
}

/*
* 大きい文字
*/

.large {
    font-size: 140%;
}
```

図 3.1　レイアウトを規定する CSS

上の枠内が html ファイルと CSS ファイルをブラウザで表示させたもの。右下の html ファイルによってブラウザの右端の「縦書き」（元のレイアウト）のように表示されているものが、左下の CSS ファイルをかませせることによってブラウザ上で多彩に表示できるようになる。

日本語や中国語などの縦に書く言語なども含めた多様な書式を、構造とは切り離した形でどのように表現すればいいか――エリカの提案はその方法論に関するものだった。この発表は、本人の力量と発表に至るまでの多大な努力を読み取って余りある優れて充実したものだった。しかし、日本語を母語とし職業編集者としての経験もあったぼくには、いくつか疑問に思われる点があった。発表後、ぼくは「ルビには、グループルビとモノルビがあるけれど、その振る舞いのちがいはどう表現するの？」という質問を投げかけた。

質問に対するエリカの答えは、その何十倍もの質問攻めだった。日本語の読み書きが不自由であるにもかかわらず、彼女は手にしたＪＩＳ Ｘ４０５１：２００４（日本語文書の組版方法）の図版だけを頼りに、なんとか日本語組版の仕組みをＣＳＳの規格に反映させようと、悪戦苦闘していたのだった。職業編集者としての経験があるとはいえ、組版や印刷現場についてはしょせん素人に毛の生えた程度だったぼくの知識では、エリカの質問に十全に答えることはできなかった。

ベルリンからの帰国直後から、ぼくは、ベルリンのカンファレンスにも参加し折よくＷ３Ｃのアジア地域スタッフとして日本に住居を移してきたフェリックス佐々木（Felix Sasaki）さん、ジャストシステムからのW3C Advisory Committee Representativeだった大野邦夫さん（のちに職業能力開発総合大学校教授）らと語らって、英語による日本語組版処理の要件の必要性を訴えてまわった。

そのころＪＡＧＡＴの常務理事だった小笠原治さんが、強い関心を示してくれた。小笠原さんの尽力で、ＪＡＧＡＴ内にＪＬＴＦ（Japanese Layout Task Force）のいわば前身となる「日本語スタイルシート作業部会」と称するグループが組織化されることになった。この作業グループには、大野邦夫さんを座長に、日本エディタースクールで長く日本語組版教育に携わっていた小林敏さん、電算写植システムの最初期からの開発技術者で当時ＪＡＧＡＴの研究スタッフだった小野澤賢三さん、アンテナハウス株式会社でＣＳＳやＸＳＬ-ＦＯを用いたフォーマッターの開発に直接かかわっていた石野恵一郎さん、文字コードの標準化活動でも旧知だったマイクロソフトの阿南康宏さんらの参画を得ることができた。

——二〇〇六年一〇月。ドイツ、ハイデルベルク。Ｗ３Ｃ印刷シンポジウム。

ぼくは、大野さん、ＪＡＧＡＴの千葉弘幸さん、フェリックスとともに、日本語スタイルシート作業部会の議論の成果を携えて、Ｗ３Ｃ印刷シンポジウム（W3C Print Symposium）に参加した。このシンポジウムでは、大野さんが〝日本語の組版方法〟と題して発表した。反響は思いのほか大きかった。ＣＳＳやＸＳＬ-ＦＯ、ＳＶＧ（Scalable Vector Graphics、ＸＭＬをベースとした画像形式）など、テキストレイアウトにかかわるＷ３Ｃ規格の専門家たちが大きな関心を示し、質問も多く出された。この議論の場で、当時ぼくたちが想定していなかったいくつかの問題が明確になった。

一つは、日本語の非母語話者が、ＪＩＳ Ｘ４０５１の英訳版をとても強く望んでいる、ということだった。しかしその時点で、ぼくたちは非日本語話者にとってのＪＩＳ Ｘ４０５１や〝日本語の組版方法〟が潜在的にもつ問題にもうすうす感づいていた。すなわち、ＪＩＳ Ｘ４０５１にしても〝日本語の組版方法〟にしても、ある程度、日本語の組版についての背景知識や用語についての知識がないと十分な理解ができないのではないか、という可能性。言い換えると、日本語組版処理の要件を記述するためには特定の語彙が不可欠で、その語彙の説明もやはり同じ語彙の中で記述せざるをえない、という同語反復的な状況だった。それはまた、JIS X4051にしても〝日本語の組版方法〟にしても、背景知識をもたない非日本語話者には、そこに記述されている個々の具体的な機能を実装することができない、ということをも意味する。実際、ぼくたちのチーム内でも、伝統的な組版の世界で生きてきた小林敏さんや小野澤さんたちと、石野さんや阿南さんのようにワープロ・パソコン世代とでは、ページ四辺の余白に対する考え方や行間の考え方など、ずいぶんと隔たりがあった。日本人の間でも背景知識が異なることによって相互理解が困難になりうることを、ぼくたちはすでに十二分に経験していた。この乖離《かいり》は、かつて「大地」で経験したワープロ派とDTP派との対立図式とも同根のものだった。

もう一つは、同じW3Cの中にも、どうも考え方の異なるグループが存在しているようだ、ということ事実だった。具体的には、CSSのグループとXSLのグループ。CSSとXSLとでは出自が異なることもあり、一つの問題の解決方法にしてもかなり異なるアプローチをとりうる、ということ。そして、それぞれのグループに属する人たちは、自分の属するグループの考え方こそすべての選択肢の中で最高のものだという矜持《きょうじ》をもっており、それが時に自分たちのアプローチ以外の可能性に対して耳目を閉ざす要因ともなりうる、ということ。急いで付け加えておくが、それくらいの信念がなければ、ほとんどボランティアともいえるW3Cでの活動に貢献することなどできっこないというのもまた、まごうことなき事実ではあるのだけれど。

このとき、ぼくたちは、大野さんのプレゼンテーション資料のほかに、もう一つのドキュメントを懐にしていた。すなわち、小野澤さんの労作〝ＣＳＳを参考にした組版指定交換形式〟。ぼくたちは、この時点で、〝日本語の組版方法〟と並行し、これをＣＳＳのようなスタイルシート言語で記述するとどうなるか、という検証を行なっていた。あわよくば、ＣＳＳの規格そのものに、ぼくたちの草案を盛り込むことができはしまいか、という胸算用さえしていた。しかし、ＣＳＳ一辺倒になってしまうと、ＸＳＬのグループが背を向ける。ＣＳＳにもＸＳＬにも利点と欠点があり、規格のユーザーたちはそれぞれの利用目的に応じて、ときにＣＳＳを使い、ときにＸＳＬを使う。どちらかのグループに偏った対応をとると、もう一つのグループが関与する規格には、ぼくたちの考え方、すなわち日本語ユーザーの利益が反映されなくなる。せっかくの小野澤さんの労作を、ぼくたちは誰に見せることもなく封印したまま日本に持ち帰った。

――二〇〇七年五月。〝日本語の組版方法〟、〝ＣＳＳを参考にした組版指定交換形式〟公開。

作業部会の成果は、ひっそりとＪＡＧＡＴのホームページに公開された（http://www.jagat.or.jp/past_archives/story/10805.html。ただし、部会報告しか残っていない）。

――二〇〇七年三月。ＪＬＴＦ活動開始。

大野さんの〝日本語の組版方法〟、小野沢さんの〝ＣＳＳを参考にした組版指定交換形式〟の準備と並行して、フェリックスは次のステップに向けてＷ３Ｃ内部での調整を粘り強く行なっていた。ハイデルベルクでの反応を考えると、うかつには先に進めない。この時点でフェリックスは、Ｗ３Ｃの

Internationalization (I18N) Core WG の Team Contact を務めていた。

W3Cは一九九四年設立。当初から、HTML、XMLなどの構造化文書とインターネット世界との接面で赫々《かっかく》たる成果を上げてきた。しかし、このころになると、巨大化した組織と多数にふくれあがった専任スタッフのために、ところどころに組織運営上の歪みとビューロクラシーが見え隠れするようになっていた。CSSとXSLのグループ間の感情面も含む意識の相違なども、このことと無関係ではあるまい。ともあれ、このような状況のなかで、どのような使われ方がされるかもわからない、それも日本語という地球規模の状況から見ればマイナーとしか言いようのない一言語に特化した機能要件記述の試みを、W3Cのプロパーたちがおいそれと正式な活動として認めるわけがなかった。しかし、フェリックスには確信があったのだろう。この活動が、必ずW3C全体の活動に寄与するものとなり、ひいてはW3Cの国際的活動に新たな地平を拓くものとなることを。

彼の苦闘は、W3Cの正式の、そして初めてのバイリンガルによるワーキンググループを横断するタスクフォース（Japanese Layout Task Force、略してJLTF）の設立として実現した。タスクフォースには、I18N Core WG をホストに、CSS、XSL、SVGの各ワーキンググループが参加を表明してくれた。メーリングリストは日本語のものと英語のものの二つが準備された。日常的なミーティングは日本語ベースで行なうが、日本語と英語のメーリングリストをそれぞれ用意し、議事録は英語で記録するという約束もできた。JLTFの基本的な方針は、ハイデルベルクの経験を踏まえて、発足当初からかなり明確だった。

「もう一度最初からやり直そう。日本語も話さず、日本語組版に対する予備知識をもたない技術者でも、その文書だけを読めば、実装まで行なえるような文書を用意しよう。そして、その文書は、いたずらに技術的解決手段には言及せずに、徹頭徹尾実現してほしい事柄や機能の記述に徹しよう」

こうして、ＪＬＴＦの楽しくも多難を極める作業が始まった。

――二〇〇八年四月。東京、三田の慶應義塾大学キャンパス。

日本チームと国際チームの二度目のフェイスツーフェイス・ミーティング。

「だから、全角スペースがつねに1 em の大きさになるという先入観を捨てなければ、これ以上は一歩も前に進めないよ」

ぼくは、思わず声を荒立てた。ほとんど限界だった。国際チームのメンバー、とくにアドビのスティーブ（Steve Zilles）の執拗な質問攻めに、もううんざりだった。いくら説明しても説明しても彼らには、符号としての全角スペースと組版上の日本語の空白の関係がどうしても理解できないのだった。

ブレイクをとった。心地よい春の空気を吸って、ぼくたちのあいだからは、ついさっきまでのギスギスした雰囲気は、あっという間に霧散した。また議論の場に戻った。スティーブが言った。

「タツオの話を聞いていると、どうも日本語の空白には、全角のものと、半角のものと、大きさが可変のものの三種類があるようだ」

「そう、昔の活版の時代には、約物《やくもの》類は文選《ぶんせん》のときに拾うのではなく、植字《ちょくじ》の折に植字工が適当に挿入していたんだ。約物の字幅が半角のものを使い、後ろに二分スペースを入れてもよいし、約物の字幅が全角のものを入れてもよい。全角のそれで都合の悪いときは字幅を半角のものに替え、後ろに適当なスペースを入れていた。半角が入っている場合は、後ろのスペースだけの修正でよかった。だから、約物の字幅は全角とも半角とも考えられる」

と先生（小林敏さんのこと。ＪＬＴＦの関係者には、小林敏さんとぼくに加えて、アンテナハウスの小林徳滋社長と、三人の小林がいることから、区別するために小林敏さんは先生とよばれていた）。

「いっそ、全角という言葉を取っ払って、基本を二分スペースと考えて、整理し直したらどうだろう」

スティーブの言葉にみんながうなずいた。先生の仕事がまた一つ増えた。夕食での歓談は、いつまでも尽きることがなかった。

――二〇〇九年六月。〝日本語組版処理の要件〟（JLreq）第1版公開。

長い日々だった。公開直前、フェリックスは永久教授資格を獲得し、ポツダム応用科学大学で教鞭を執るため、家族とともに母国ドイツに旅立った。Ｗ３Ｃとチームとのパイプ役と、英語版のレビューは、I18N Core WG のチームリーダーで、ぼくにとっては十年来の友人でもあったイギリス在住のリチャード・イシダ（Richard Ishida）に託された。

リチャードはぼくたちの英語テキストをていねいに読み、数々の疑問を呈してくれた。あるものは簡単に答えられたが、あるものは説明のために苦闘し、最終的には日本語の文章も変更せざるをえないような局面を何度も経験した。リチャードが「わかった」と言い、ぼくたちの冗長で泥臭い英語を彼自身の洗練された英語で書き直してくれて、やっとその部分が完成に至る。英語が主でも、日本語が主でもない。どちらの版を読んでも同じ実装ができる——ぼくたちはそんなテキストをめざした。

公開時の反応はそれほど大きいものではなかった。正直なところ、日本での反応は皆無といってよかった。しかし国外からは、少数ながら、鋭い質問やコメントとともに、熱い共感の言葉が寄せられた。「英語以外のテキストの組み方についての英語で書かれた初めての本格的文書だ」、「このとおり実装すれば、日本での市場競争に勝ちうる組版システムがつくれるかもしれない」。しかし、何よりも、ぼくたちの活動にきっかけを与え、タスクフォースの議論にも積極的に参加しつづけたエリカからの、一瞬気が遠くなるような言葉は、ぼくたちの労苦を吹き飛ばして余りあるものだった。

「小林さん、これに相当するようなドキュメント、ハングルについてもないかしら」

2　日本の電子出版状況

国際的には一部の関係者から熱烈な賛辞が寄せられたとはいえ、JLreq に対する国内からの反応はほとんど皆無の状態だった。鳴かず飛ばず。変化のきっかけは意外なところからやってきた。村田真が、日本語関連機能をＥＰＵＢに押し込むために、JLreq をパクったのだ。以後、古くからの悪友、村田真（悪友には敬称がつかない）の物語を語ることになる。しかし、その前に、電子書籍コンソーシアムでの蹉跌《さてつ》を機にぼくが遠ざかっていた、日本の電子書籍をめぐる状況についてざっと振り返っておこう。

❶ 繰り返す電子書籍元年

電子書籍コンソーシアムが解散したあと、日本でも電子書籍化の動きはそれなりに続いていた。ソニー（二〇〇四年発売のリブリエやリーダー）や松下電器産業（同じく二〇〇四年発売のシグマブック）などから専用の電子書籍閲読端末が発売されたり、シャープがいわゆるＰＤＡの嚆矢であるザウルスをターゲットに閲読ソフトの開発保守とコンテンツの蓄積を地道に進めていたり。携帯電話を使ったマンガやライトノベルなどを中心としたマーケットも徐々にではあるが広がっていた。鈴木雄介さんが電子書籍コンソーシアムの残党と興したイーブックイニシアティブも、マンガを中心に着々と地歩を固めていた。萩野さんが設立したボイジャージャパンは、本家の米国のボイジャーが時代の役割を終え米国市場での前景から消えていったあとも、ボブが提唱したExpanded Bookのコンセプトを日本の市場に合うように発展させたエクスパンドブックとよばれる電子書籍リーダーのコアシステムとドットブックとよばれる電子書籍フォーマットを軸に着実に技術とコンテンツの蓄積を行なっていた。

一方で、慢性的な出版不況はとどまるところを知らず、出版各社のなかには電子書籍への転進に活路を見いだそうというところも現れてきていた。

しかし、電子書籍コンソーシアムのときも含め、幾度となく喧伝された日本の電子書籍元年は、寄せては返す波のように尻すぼみになることがつねだった。

❷ 黒船来航

そんな状況に大きな変化が現れたのが、二〇〇九年後半から二〇一〇年にかけて、国内外、官民、さまざまな局面で同時多発的に起こった一連の出来事だった。

最初の波は、例によって国外からやってきた。相も変わらずの黒船騒動。少し前からグーグル（Google）は、Google Book Search という書籍の全文検索システムを地球規模で展開していた。このサービスをめぐり、本国の米国で著作権訴訟事件が起こった。そして、その余波が日本にも及んだ。何も発言しなければ、日本のあらゆる書物が著作権者の了承なしに Google Book Search の対象として取り込まれてしまう。この危機感から、出版業界は一丸となって対抗措置を講ずることになった。

それまでの日本といえば、マンガとごく一部の人気作家の作品を除いて圧倒的な輸入超過で、まさに半鎖国状態にあった。一方、地球という惑星を覆い尽くすサイバースペースは、情報技術の進化によって、ありとあらゆる情報を一瞬にして地球の隅々にまで行き渡らせてしまう圧倒的なパワーを獲得するに至っていた。Google Book Search 訴訟の問題は、サイバースペースにおける出来事が、それがたとえ米国や欧州などで起こったことであっても、けっして対岸の火事では済まされないことをまざまざと思い知らせた。

さらには、アマゾン（Amazon）のキンドルを筆頭とする電子書籍化の激流。その怒濤が日本にも津波となって押し寄せて来ることは、火を見るよりも明らかだった。アマゾンが近々日本国内でもキンドルのサービスを始めることは衆目が一致して認めるところで、関心はそのサービスインがいつになるか、という点に絞られつつあった。

そうしたなかで、ＥＰＵＢの動きにめざとく気づいたのが、ＪＥＰＡ副会長だったイースト社長の下川和男さんだった。

二〇〇九年八月のニュース（http://d.hatena.ne.jp/arawahitsuji/20090813/1250151200）。

【編集部記事】

米New York Times紙の報道によると、ソニー現地法人のSony Electronics社（本社：米国カリフォルニア州）は現地時間の13日に、同社が普及推進してきた電子書籍ファイルフォーマット「BBeB」から完全撤退し、「ePub」形式へ完全移行することを発表する模様。

BBeB形式はソニー独自のＸＭＬベースの電子書籍ファイルフォーマットで、２００４年に日本国内で発売された電子書籍端末「Librié」で初登場。その後米国で発売された電子書籍端末「Sony Reader」シリーズでも標準ファイルフォーマットとして改良・継承されていたが、出版業界での認知度は今ひとつだった。一方のePub形式は、米国の電子書籍標準化団体のひとつであるＩＤＰＦ（本部：米国ニューヨーク州）が普及を進めるＸＨＴＭＬ＋ＣＳＳベースの電子書籍ファイルフォーマットで、最近ソニーはこのePub形式への移行を積極的に進めていた。

なお、ソニーでは、ＤＲＭについてもAdobe製のＡＤＥＰＴ（Adobe Digital Editions Protection Technology）方式に切り替える模様だ。

記事によると、今回の発表はAmazon.comの独自ファイルフォーマットへの対抗処置としての意味合いが強いとのこと。【hon.jp】

ＥＰＵＢを策定しているＩＤＰＦには、下川さんとはアドビ当時から旧知の仲で後に事務局長役であるExecutive Directorになるビル・マッコイ（Bill McCoy）がかかわっていた。下川さんの発案で、ＪＥＰＡ内にＥＰＵＢ研究会が発足することになる。このあたりの機敏さというか腰の軽さは、下川さんだよなあ。結果的には、この機敏な動きがその後の日本の電子出版状況を大きく動かすことになる。

・二〇〇九年一〇月、ＪＥＰＡ内にＥＰＵＢ研究会発足。
・二〇〇九年一一月、Google Book Search訴訟の和解案に関する米国への口上書提出。
・二〇一〇年一月二七日、アップルがアイパッドを発表。アイパッドでＥＰＵＢをサポート。
・二〇一〇年二月一日、主として小説などの文芸書を出版している大手出版社が中心となって、日本電子書籍出版社協会（電書協）発足。
・二〇一〇年二月三日、ＪＥＰＡとしてＩＤＰＦに加入。

一連の動きを見るだけでも、この時期の電子書籍にかかわる日本国内の動きが、いかに激しいものだったかということがうかがえよう。

❸ デジタル・ネットワーク社会における出版物の利活用の推進に関する懇談会

行政の側も手をこまねいていたわけではない。二〇一〇年三月一〇日、総務省・文部科学省・経済産業省の三省が、デジタルネットワーク社会における出版物の利活用の推進に向けた検討を行なうため、「デジタル・ネットワーク社会における出版物の利活用の推進に関する懇談会」(いわゆる三省懇)を開催することを発表した。以下はそのときのニュースリリース。

●「デジタル・ネットワーク社会における出版物の利活用の推進に関する懇談会」の開催

総務省、文部科学省及び経済産業省は、デジタル・ネットワーク社会における出版物の利活用の推進に向けた検討を行うため、「デジタル・ネットワーク社会における出版物の利活用の推進に関する懇談会」を開催します。

1 背景・目的

・我が国の豊かな出版文化を次代へ着実に継承するとともに、デジタル・ネットワーク社会に対応して広く国民が出版物にアクセスできる環境を整備することは、国民の知る権利の保障をより確かなものとし、ひいては、知の拡大再生産につながるものです。

・そのため、関係者が広く集まり、デジタル・ネットワーク社会における出版物の利活用の推進に向けた検討を行う「デジタル・ネットワーク社会における出版物の利活用の推進に関する懇談会」を開催します。

2　検討内容

①デジタル・ネットワーク社会における出版物の収集・保存の在り方
②デジタル・ネットワーク社会における出版物の円滑な利活用の在り方
③国民の誰もが出版物にアクセスできる環境の整備　等

・三月一七日、三省懇第一回会合。
・六月二八日、三省懇報告書公表。

三省懇発足の発表から四カ月足らずで、報告書が公表されている。お役所仕事としては珍しく迅速な動きだが、それはまた、ことがそれほど急を要していたことの表れでもあった。

❹ 交換フォーマットという共同幻想

三省懇の報告書を受けて、総務省が予算措置をした一連の調査研究プロジェクトが立ち上がった。なかでも、いわゆる交換様式の策定が、ＥＰＵＢを推進するうえで大きな壁となって立ちはだかることになる。以下、交換フォーマットに否定的な立場をとる村田真の私的なメモを基に、経緯と問題点を整理しておこう。

電子書籍交換フォーマットの開発は、三省懇の報告書によって認知され、総務省の二〇一〇年度「新ICT利活用サービス創出支援事業」の一環として実施された。日本語テキスト系電子書籍フォーマットの日本語表現に関する各種機能を包括する電子書籍データの交換を目的としていた。電書協（有力な出版社のほとんどすべてを含む）が、この事業の代表組織だった。国内の出版関係者は、こぞってこの電子書籍交換フォーマットに賛成した。

ちなみに、ぼくも文字コードの専門家ということで、当時東京電機大学出版局局長だった植村八潮さんに声をかけられて、このプロジェクトを推進する委員会の末席に名を連ねている。

電子書籍交換フォーマットの技術内容は、そのころ日本の電子書籍市場をほぼ二分していたシャープのXMDFとボイジャーのドットブックのフォーマットとを、相互に交換可能とするという触れ込みだった。この二つのフォーマットには日本語の電子書籍を扱ってきた実績があり、多くの電子書籍コンテンツがどちらかのフォーマットで蓄積されていた。相互に交換可能とすることで、市場に流通するそれぞれのフォーマットのコンテンツが倍増する、というのが電子書籍交換フォーマットのセールスポイントだった。

さらに、このフォーマットを、IEC（国際電気標準会議）のTC（技術委員会）100を通して国際規格とすることも計画に盛り込まれていた。公的な国際規格とすることで、日本の政府調達が求める要件も満たすことができる。いかにも、バラ色の未来があるように描かれている。しかし、ことはそれほど簡単には進まなかった。

村田真は、プロジェクトの進行当時から、この交換フォーマットのことを蛇蝎《だかつ》のごとく嫌っていた。

その背後には、電子化文書フォーマットの標準化に長年かかわってきた彼の実績と経験があった。国際標準化の戦場で戦ってきた百戦錬磨の戦士から見ると、交換フォーマットは、技術的にも戦略的にもいかにも筋悪の唾棄すべきものに映ったことは想像に難くない。以下は村田真のメモからの抜粋。

電子文書・書籍に関する限り、一般的な意味でも交換フォーマットは難しいと私は痛感している。

一九八〇年代から、オフィス文書の交換フォーマットの標準化は、惨めなばかりの失敗を繰り返してきた。例えば、ODA（ISO/IEC 8613）は普及せず、まもなく廃止される見込みである。SGML（ISO 8879）は、マニュアルなどには用いられたが、ワードプロセッサやオフィスソフトの間での文書交換には用いられていない。ほかにも、Xerox の Interscript、DEC の CDA、Sony の CDFF など、失敗した交換フォーマットは多い。

いまOOXMLとODFが普及しているが、これらは交換フォーマットというより Microsoft Office のフォーマットと Open Office のフォーマットである。

そもそも交換フォーマットは、二回の変換を必要とする。フォーマットAから交換フォーマットへの変換と、交換フォーマットからフォーマットBの変換である。この二つを組み合わせることによって、フォーマットAからフォーマットBへの変換が実現する。綺麗な話に聞こえるが、フォーマットAからフォーマットBへの専用変換に勝るものは決して提供できない。交換フォーマットで表現できない情報は必ず欠落するし、たとえ表現できる情報であっても表現方法が違っていれば欠落してしまうことがあるからである。欠落を防ごうと思えば、フォーマットAとBをそのまま足したものを交換フォーマットにするしかない。しかし、そのような交換フォーマットは複雑になるばかりである。

いっぽう、電子文書・書籍フォーマットを制定するにはすさまじいコストがかかる。技術的な内容がすべて完成しているとしても、仕様書をきちんと書くだけで数億円から数十億円のコストはかかるというのが私の経験である。そして、あますことなく書かれた仕様書に私はまだお目にかかったことはない。

電子書籍交換フォーマットは、XMDFとドットブックをもとにして作られ、まさに足して引かない仕様であった。XMDFもドットブックもHTMLをもとに作られたフォーマットなので、XMDFからEPUBへの専用コンバータ、ドットブックからEPUBへの専用コンバータを作ることは決して難しいことではない。交換フォーマットを制定し、交換フォーマットを介して変換することを正当化するものは何もない。

村田真の交換フォーマットへの批判は、舌鋒鋭くさらに続く。

●国際化の欠落

ＸＭＤＦもドットブックも日本語を扱ってきた実績が利点であり、それらをもとにした電子書籍交換フォーマットを作る根拠であった。しかし、中東で必要とされる双方向テキストが扱えるわけでも、台湾で必要とされる注印符号が扱えるわけでもない。ＥＰＵＢ２の時点で双方向テキストは実現できているので、電子書籍交換フォーマットは、中東から見れば退歩でしかない。

考えてみてほしい。日本の出版文化を尊重してくれと言いつつ、諸外国にまったく配慮しないものを国際規格としようとすることは醜くないだろうか。21世紀に国際規格として提案するということは、国際化の道筋をつける責任を引き受けなければならないのだ。

●ウェブ技術との乖離

ＥＰＵＢ３は、そのチャータにおいてＨＴＭＬ５に基づくことを明言していた。これは時代の要請であり、誰にも逆らい難い流れである。しかし、ＸＭＤＦもドットブックも古いバージョンのＨＴＭＬをもとにしており、電子書籍交換フォーマットも実態としてそうであった。

●アクセシビリティの欠如

ＩＤＰＦは、アクセシビリティをきわめて重視し、デイジー（ＤＡＩＳＹ＝Digital Accessible

Information System）という仕様とＥＰＵＢ仕様を統合することを目標としていた。電子書籍交換フォーマットは、アクセシビリティを軽視していた。

実際、ＥＰＵＢはその出自とのかかわりもあり、デイジーと密接な関係をもっている。ＥＰＵＢのＣＴＯであるマーカス・ギリング（Markus Gylling）は、デイジーのＣＴＯでもある。そのようなＥＰＵＢを向こうにまわして、アクセシビリティへの配慮が一切ない交換フォーマットが国際標準という土俵で勝負できるわけがない。

といっても、日本の出版業界に対して、国際標準におけるアクセシビリティの重要性をいくら強調しても、馬の耳に念仏だろうな。

●税金投入と鎖国

電子書籍交換フォーマットは、すでにＸＭＤＦかドットブックに関わっている人の利益のためのものであり、Amazon や Apple などの海外企業を日本市場から排除することを目的に、税金を投入したものであると私は考えている。

実際に、委員会の審議に参加しながら、素人目にも納得できないことが多々あった。一例だけをあげると、開発された交換フォーマットとその実装システムの検証として行なわれたことの大半は、ＸＭＤＦフォーマットのコンテンツをいったん交換フォーマットに変換して、それを再びＸＭＤＦフォーマットに再変換することと、ドットブックフォーマットをいったん交換フォーマットに変換して、それを再びドットブックフォーマットに変換する、という耳を疑うような内容だった。

交換フォーマットは、出版業界の恣意的かつ近視眼的な現象面での要求を、それぞれアドホックに実装してきたＸＭＤＦとドットブックという似て非なるものを相互に交換するという、原理的に不可能な夢への挑戦だったのだ。

電子書籍交換フォーマットが、その後、日本の電子書籍ビジネスで実際に使われた、という話を、ぼくは寡聞にして知らない。

3　電子書籍と外字問題

やや後のことになるが、三省懇の流れで、経産省からも調査事業の公募が行なわれた。それが「平成二二年度コンテンツ配信型・ハイブリッドビジネスモデル実証事業（デジタル・ネットワーク社会における出版物の利活用推進のための外字・異体字利用環境整備調査）」(http://www.meti.go.jp/meti_lib/report/2011fy/E001484.pdf)。長ったらしい名称だなあ。この調査の入札に応札した凸版印刷が、事故みたいな感じで落札した。一連のＥＰＵＢ関連のミーティングで知遇を得た田原恭二さんが、何とかしてくれないか、と焦り狂ってメールをよこしてきた。義を見てせざるは勇なきなり。手伝うことにした。

手伝うにあたっては一計を案じた。そのころ、電子書籍に関して積極的に発言していた文藝家協会副理事長の三田誠宏さんに座長を依頼した。ぼくは副座長を引き受けた。この調査には、凸版印刷のみならず大日本印刷も全面的に協力してくれて、岩波書店や筑摩書房などから提供を受けた書籍の組版データや、凸版印刷が国語審議会での常用漢字表や表外漢字字体表審議の資料として調査した雑誌類の漢字頻度調査などを駆使して、じつに精緻な実態調査が行なわれた。

岩波書店の田中正明さんや三省堂の高野郁子さんによる分析も見事なものだった。素材としては、岩波書店の古典文学大系の中から『万葉集』、筑摩書房の梶井基次郎全集と中島敦全集の中からそれぞれ一冊ずつが用いられた。大日本印刷に保管されていたＣＴＳ組版のための電子データを基に、出版当時のＪＩＳ Ｘ０２０８に含まれていない、いわゆる外字が、一つ一つアドビのＡＪ１‒６（Adobe Japan 1-6）というグリフセットと比較された。

結論は、ある程度は予測されたものとはいえ、じつに興味深いものだった。すなわち、それぞれのコンテンツに用いられる文字種はどれもおおむね三〇〇〇種類程度で、ほとんどがＡＪ１‒６との対応がとれる。ＡＪ１‒６との対応がとれない、いわゆる外字はそれぞれ三〇種程度に過ぎず、お互いの重なりもほとんどない。また、『万葉集』では、外字として作成された文字を複数の底本からの翻刻の過程までさかのぼって調べていくと、翻刻の際の研究者の解釈のちがいが影響したケースなどもあり、刊本制作の際にわざわざ外字を作成しなければならない必然性が認めがたいものも複数存在した。もう少し普遍化すると、現代日本社会で出版されている書物に用いられる文字は、ＡＪ１‒６というグリフセットでほぼ必要十分である。ごく一部、そこには含まれない文字が外字として存在する場合があるが、それらは一書目あたり多くて三〇字程度で、かつ異なる書目どうしでの重なり度はごく低いので、情報交換用として標準化する意味はほとんどない、というものだった。この調査によって、電子書籍における文字コードの在り方についての実証研究を背景とした確信を得ることができた。

しかし、この審議の場にも、頑迷無知な出版人はいた。某氏は「せめて諸橋大漢和ぐらいは」とまるで金科玉条のように繰り返していた。某氏が『大漢和辞典』（諸橋轍次、大修館書店）を一度として紐解いたことがないことは明白だった。『大漢和辞典』には膨大な数の音義未詳文字が含まれている。ただでさえ、中国の古典籍を基軸とした辞字典類を拾遺して編纂された大漢和辞典の、それも音義未詳文字を現代の日本の一般読者を対象とした電子書籍でどのように使おうというのだろう。

4　EPUB日本語チーム結成

出版界がこぞって交換フォーマットという見果てぬ夢に浸っているのを尻目に、出版プロパーというよりもその周辺でビジネスを行なっていた人たち、なかでもICT産業を背景とする人たちは強い危機感をもって、電子書籍の国際的な動向をキャッチアップしようとしていた。彼らにとっては、交換フォーマットに象徴されるような国内の出版界の動きが、国際的な業界の動向を知るにつけ、単にもう一つのガラパゴス化遺物を積み重ねることになることが自明なものに映ったことは想像に難くない。文字コードで、電子化文書フォーマットで、NFC（ソニーのフェリカに代表される近距離無線通信）で、国際整合性をもたないフォーマットが、たとえ市場を日本国内に限ったとしても、地球規模のベンダーに対する市場競争力をもたないことはすでに苦い経験として身に沁みていたはずだ。

出版業界こぞっての交換フォーマット騒動を尻目に、下川さんを中心に、ＥＰＵＢでの日本語機能要件実現のための動きが進んでいた。村田真に白羽の矢が立ったのは、交換フォーマットをめぐる策動が激しさを増したころのことだった。二〇一〇年二月、村田真は、マイクロソフトCTO（当時）の加治佐俊一さんを介して下川さんと会っている。すでに活動を開始していたＥＰＵＢ研究会に参加し、ＥＰＵＢの日本語化プロジェクトを指揮してほしい、という要請だった。

ＥＰＵＢ研究会では、ＥＰＵＢ2の日本語訳をウェブ上で公開していたことが契機となってイーストに入社した高瀬拓史さんとＪＴＢパブリッシングの井野口正之さんが実作業を始めていた。しかし、下川さんを含めてＪＥＰＡのアクティブメンバーの中には、国際標準化活動に精通している人材がいない。窮状を見かねて、ＪＥＰＡの理事でもあった加治佐さんが村田真を紹介した。世渡り下手で実力を発揮できる仕事に恵まれていなかった村田真にとっても悪い話ではなかった。

この時点で、JLreqを下敷きにすればいい、という方針も決まっていたようだ。やはりＪＥＰＡの古株の一人で、小林敏先生とは旧知の仲だった自由電子出版の長谷川秀記さんが仲介したと聞く。さっそく顔合わせした高瀬さん、井野口さん、村田真だったが、実際の作業が終わるまで、面を合わせたのは後にも先にもこのときだけだった。この後のやりとりは、今はなくなってしまったグーグルウェーブ（Google Wave）と電子メールのやりとりだけで進められた。顔を合わせては堂々巡りの空論をめぐらすばかりの出版業界の動きと、何と異なることか。

この本を書くために年表を整理していて気づいたのだが、ぼくがジャストシステムから雇い止めを喰らったのが二〇〇九年九月末。そして、一〇月末には加治佐さんから声がかかって、新宿のホテルのロビーで会っている。そのとき加治佐さんは、自分がマイクロソフトにいて影響力を行使できるあいだに、日本語と日本語の文化を取り囲むインターネットなどのデジタル技術環境を少しでもよい方向にもっていきたい、といった主旨のことを語っていた。この面談がきっかけとなって、ＩＶＳ（Ideographic Variation Sequence）を中心とする符号化文字集合やフォントなどの最新のテクノロジーを日本で普及させることを目的とした任意団体、ＩＶＳ技術促進協議会（のちに、より一般的に文字情報技術促進協議会へと発展改組）が発足することになる。加治佐さんが村田真をＪＥＰＡに引き合わせたのも、同じように日本語と日本語の文化そのものに対する危機感だったのではないか。

こうして、村田真を中心に、JLreq の中から日本の電子書籍にとって喫緊の要件のみを洗い出す作業が始まった。そのころ、ＩＤＰＦではすでにＥＰＵＢ３の策定作業がかなり進んでいた。村田チームが約一カ月の突貫作業でまとめた要件は、〝Minimal Requirements on EPUB for Japanese Text Layout〟と題されて、四月一日といういささか胡散臭い日付で公表された。

――二〇一〇年四月六日。ＩＤＰＦがＥＰＵＢ３のチャーターを発表。

そこには、ギリギリセーフのタイミングで、上記の Minimal Requirements が陽に参照されていた（http://www.jepa.or.jp/press_release/reqEPUBJ.html）。村田真によると、ＩＤＰＦがチャーターでＪＥＰＡの Minimal Requirements に言及するうえでは、JLreq がＷ３Ｃの正式な Working Group Note になっていたことが大きな力になったという。村田真はこの時点で、もうＩＤＰＦとＷ３Ｃの力関係を利用していたようにも見受けられる。

――二〇一〇年四月七日。JEPAのEPUBセミナー。

高瀬さんがMinimal Requirementsの解説を行なった。このセミナーに参加していた当時アンテナハウスの村上真雄さんが、即座にEPUB研究会への入会を表明。アンテナハウスといえば、社長の小林徳滋氏の下、さまざまな文書フォーマットの変換や構造化文書の可視化技術などの分野で、地球規模で高い評価を得ている技術志向の企業だ。JLreq開発にあたっても、石野さんが多大な貢献をしてくれた。JEPAのEPUB研究会チームにとっては、一騎当千の援軍を得た思いだったにちがいない。

その後、村上さんは、とくにW3CでのCSSワーキンググループで、元マイクロソフトのスーパーエンジニアの一人である石井宏治さんやエリカと並んで献身的な貢献をするとともに、所属するアンテナハウス社で同社のフォーマッターの開発も強力に推進していくことになる。

このあたりで、ようやくぼくも村田真の物語に脇役として登場する。

5 再招集

――二〇一〇年五月。ソウル。CJKワークショップ。

ぼくのJLreqについてのプレゼンテーションは、いつのまにか、マイクロソフトの加藤誠一さんの、ずば抜けて流暢な英語による即興のプレゼンテーションに乗っ取られていた。自分のプレゼンテーションが乗っ取られたのも初めてなら、それをとても快く感じたのも初めてだった。初対面の二人が、同じ問題意識を持ち、何の打合せもせずに、言いたいことがまったく一致することなど、想像することもできなかった。

ソウルには、村田真に誘われてやってきた。このアドホックなミーティングの目的は明確だった。日本語の組版に対する要求を、ＣＪＫ（China, Japan, Korea）地域全体で共有し、ＪＴＣ１／ＳＣ34、Ｗ３Ｃ、ＩＤＰＦに対して、ＣＪＫ地域全体としてニーズがあることを明示的にアピールすること。マイクロソフトの現役のエンジニアが、ぼくたちの進めてきた日本語組版処理の要件に対して、期せずして全面的な賛意を示してくれたことは、その場に居合わせたＣＪＫ各国のすべての人々を議論に巻き込む、とてもよいきっかけとなった。

このワークショップを契機として、電子書籍コンソーシアムのトラウマから抜けきれずにほぼ一〇年にわたって電子書籍の世界から遠のいていたぼくは、電子書籍の世界に復帰することになった。村田真の思うつぼ。

このワークショップ自体は、ＥＰＵＢに限らず、ワープロソフトやウェブ文書などの国際的な電子化文書標準に、どのようにして言語文化依存要素を取り込んでいくか、という問題意識のもとに開催された。さらに、村田真がこのワークショップに積極的にコミットした背景には、国内外のさまざまな文脈が絡んでいたことが後になってだんだんとわかってきた。しかし、そのような複雑な事情がおぼろげながらもわかってきたのは、当事者の一人としてＥＰＵＢ３策定の大きな渦に巻き込まれてからのことだった。時すでに遅し。

きっかけは、村田真からの、わけのわからない誘惑メールだった。どうも、ソウルに焼き肉を食いに行こう、ということらしい。

二〇一〇年三月。村田真からの電子メール。

みなさん、
WG4の会議が終わりました。いろいろとあるのですが、とりあえず緊急の一件だけ報告します。

OOXMLの拡張（基本版面の指定、文字レパートリのチェック）についての日本提案は好意的に受け止められ、前者については中国にも同じ要求があることが確認されました。これからNWIP（OOXML拡張のための新しい multi-part standard）を出すことが日本に期待されています。

この様子をみた中国と韓国が、WG4フィンランド会議以前に非公式ワークショップをソウルで開き、OOXMLにおけるCJKのさまざまの拡張について検討することを共同で提案してきました。日時は、5月3日（午後）と5月4日（午前）です。

なお、この件については同様の拡張をODFにも行いたいという話が、当然出ています。これから開かれるWG6会議で話し合われるでしょう。

国際大学
村田　真

引き続いて、たたみかけるようなメール。

小町〔筆者注：祐史〕さんは参加されるそうですが、小林さんは参加できます？　また、タスクフォースの他のメンバーは、参加可能でしょうか？

今回のワークショップは、ＯＯＸＭＬだけではなく、ＯＤＦ、ＥＰＵＢにも影響を与える可能性があります。

私としては、できるだけ多くの人に参加していただけるといいと思っています。ただし、韓国・中国がどこまで準備してくるかは正直わかりません。緊急動議まで出して、このワークショップを開催した韓国は、HaanSoft が本気でやってくる可能性はけっこうあります。

私は、さきほど5月2日に羽田発、5月5日にソウル発の航空券を予約しました。ＪＡＬを除いて、すべて予約がいっぱいでした。

国際大学
村田　真

闇鍋《やみなべ》のような略語だらけのアルファベットスープ。「WG4フィンランド会議」とあるけれど、これはISO／IEC JTC1／SC34のWG4で、マイクロソフトオフィスで用いられているXML形式による文書交換フォーマット仕様であるOOXMLについて議論するワーキンググループ。WG6で議論されていたODFというのは、OOXMLの対抗馬だったオープンソースのオフィススイートのフォーマット。NWIPはNew Work Item Proposalの略で、JTC1で新しいプロジェクトを立ち上げることの提案。

村田真との付き合いは長い。ぼくは符号化文字集合、村田真は構造化文書と、主戦場は異にしていたが、国際的な標準化活動の一線で戦っているという同志意識があった。ヒデキこと樋浦秀樹は、オープンソースを介して、符号化文字集合にも構造化文書にもかかわっていた。村田真とも、時には友軍として、時には敵どうしとして、同じ戦場で戦っていた。

村田真の知遇を得たのは、いったいいつのことだったか。そのころ慶應義塾大学湘南藤沢キャンパスに斎藤信男さんの尽力でW3Cのアジア地域のホストが誘致され（米国におけるMIT／LCS、ヨーロッパにおけるINRIAに次ぐ、世界で三番目の拠点だった）、そこでの具体的な活動をどのように進めるかについての話し合いの場に、まだ富士ゼロックスの社員だった村田真がいた。そう、東京で国際ユニコード会議が開催され、ぼくがリサ・ムーア（Lisa Moore）とともに共同議長を務めた前後だから、一九九八年のことだろう。すぐれたテクニカルライターとして「一太郎」の機能などについて助言を求めていた檜山さんが村田真とも親交があり、ヒデキも入れて飯を食おう、と誘ってくれた。XMLが一九九七年末に最終勧告案になり、村田真が書いた『XML入門』（日本経済新聞社）

が一九九八年一月に発行されていた。

渋谷のモアイ像の前に、村田真は、もさっとした厚手のタートルネックのセーターを着て現れた。檜山さんは、そのころ『月刊アスキー』の若手編集者だった西村賢さんにも声をかけてくれていて、渋谷のエスニック料理屋で歓談の時を過ごした。西村さんは、その会食の模様を逐一録音して、それをおそらくは気の遠くなるような手間をかけて整理して、『月刊アスキー』の座談会記事にまとめてくれた。この会食がきっかけとなって、ぼくとヒデキは、村田真と檜山さんがコーディネートした「ＸＭＬ開発者の日」に、「ユニコード漫談」と称する状況報告をすることになった。そして、ヒデキが来日した折に、時にはアップルの木田泰夫さんやＮＴＴねっと未来研究所の風間洋一さんなどを交えて、幾度かこのような会食をした。そのたびに西村さんは財布持ちで呼び出され、当事者たちのビビッドでディープではあっても、一般の読者には訳のわからない脈絡のない雑談を、おそらくは泣きながらも見事な手腕で座談会記事にまとめたのだった。今は、TechCrunchの日本における責任者となっている西村さんだけれど、きっとこのころの苦労が編集者としてのスキルアップにつながったんだろうな。

そして、この訳のわからないメールをもらったころも、村田真は大阪工業大学の小町祐史さんとともに、主としてＸＭＬをはじめとする構造化文書フォーマット扱うＩＳＯ／ＩＥＣ　ＪＴＣ１／ＳＣ34で中心的役割を果たしていた。ＳＣ34では、ＯＤＦやＯＯＸＭＬなどのいわゆるオフィススイートアプリケーションの情報交換用文書フォーマットのメンテナンスを継続しており、この一環として、これらのフォーマットに取り込むＣＪＫ関連の機能要件を明確にする必要がある、といったことのようだった。

この二通目のメールにあった「タスクフォース」という言葉がちょっと引っかかった。先にも書いたように、JLreq は小林敏先生をはじめとする日本語組版のエキスパートたちの献身的な協力によって、何とか第1版を公開するところまではたどり着いていた。しかし、日本の国内ではほとんど何の反響も呼ぶことがなかった。鳴かず飛ばず。ぼくは、ジャストシステムからの雇い止めを喰らい、JLTFの議長は継続していたが、JLreq 第2版の発行に向けた作業は正直なところ停滞していた。

そんなところへの、焼き肉の誘惑。何かありそうな。まあ、スケジュールは空いていたし、費用は負担してくれるみたいだったので、ソウルまで焼き肉を食いに行くことにした。ともあれ、ぼくは、たいして事情もわからないままに、村田真とともにソウルに降り立ったのだった。

6　関ヶ原の戦い

——二〇一〇年八月。札幌。札幌ワークショップ、IDPF EPUB Revision Working Group/Enhanced Global Language Support Subgroup キックオフミーティング。

ソウルに焼き肉を食いに行ったあと、村田真は、ぼくをもう一つ別のミーティングに引きずり込んだ。札幌で生ビールを呑みながら何か旨いものを食おう、ということらしい。この時点でも、ぼくは相変わらず全体状況がわかっていなかった。国際的に電子書籍フォーマットに関して大きな動きがあり、この機会に日本語の縦組やルビにかかわる要件を明確な形でインプットしておかなければ、電子書籍の世界で日本語関連機能を実現することは絶望的になるだろう、といった程度の認識だった。

一方、村田真にとっては、ぼくのあずかり知らぬところで、このミーティングはまさに関ヶ原の戦いという様相だった。国内の状況においても、国際的な状況においても。この札幌会議に至る経緯も、村田真の私的メモを基に振り返っておこう。

❶ マイナー言語のチャンピオン

下川さんや加治佐さんにEPUB関連の活動に引きずり込まれた直後から、ソウルでのワークショップを含め、村田真は、さまざまなチャンネルで東アジアの漢字文化を共有する国や地域の専門家に対して積極的なアプローチを試みている。日本国内での根回しを蛇蝎のごとく嫌う姿勢とは真逆の動きをしているのだ。

どういう機会に話題に出たのかはまったく覚えていないが、ぼくは村田真と「日本語はマイナー言語のチャンピオンだ」といった話をしたことがある。ユニコードにしてもJLreqにしても、日本語の書記システム（writing system）の中核をなす（と盲目的に信じられている）漢字仮名交じり文の縦書き表記にルビが加わったものは、どう見ても世界の主流をなす書記システムの中では、少数派中の少数派にまちがいない。少数派という意味で比肩するものがあるとすると、古モンゴル語か満州語ぐらいのものだろう。

しかし、世界の多くのＯＳベンダーやアプリケーションベンダーが、日本語への対応をとても重視してくれており、すでにさまざまな分野で多くの日本語対応実装が存在している。情報標準の世界でも、日本語関連の機能に対するそれなりの配慮はなされている。ＯＳやアプリケーション、そして技術標準の世界でも、ＡＳＣＩＩベースのものの国際化を企てるときに真っ先に念頭に浮かぶのが、日本語への対応だ、というのもあながち嘘ではない。そういう意味で、日本語はマイナー言語のチャンピオンとよばれるにふさわしい。

そして、チャンピオンにはチャンピオンとしての品格が求められる。実生活では品格とはほど遠い村田真だが、こと国際標準化の世界ではまさに風格とよんでもよいような振る舞いをする。けっして日本の国内事情だけを考えるのではなく、東アジアの文化状況全体を視野に入れて仲間づくりを着々と行なっていた。

ともあれ、世界の檜舞台ならぬ戦場の最前線での、村田真たちの戦いが始まった。相手は、個別の国や地域、グループなどではなく、デジタル技術そのものと技術標準という巨大な絶壁だった。

❷ ＥＧＬＳサブグループの設立とリーダー就任

以下、村田真自身のメモから。

●二〇一五年五月二〇日
ＥＰＵＢの日本語化を含む国際化を完遂するためには、選択肢は一つしかないと私は最初から思っていた。国際化のためのサブグループをＩＤＰＦで作り、そのリーダになることである。単なる参加者として国際化をお願いするのではどうなるのか分かったものではない。自分が推進する立場になることが絶対に必要であった。リーダになれば標準化のスケジュールを決めることができる。会議を招集することができるし、議題を決めることができる。会議のとき誰にどんな発言をしてもらうか、あらかじめ頼んでおくことができる。

しかし、普通に考えれば私がリーダになることはあり得ない。私は、二〇一〇年の時点ではＩＤＰＦのミーティングに一度も参加したことはなく、ＩＤＰＦの人たちとは面識がほとんどなかった。そして、国際化は、ＥＰＵＢ３におけるもっとも大事なテーマであるとＩＤＰＦでも意見は一致していた。考えてみてほしい。団体の将来を決める大事な活動を、まったくの新参者に任せられるだろうか？　しばらく様子を見たいと思うのが普通ではないか？　しかも、電子書籍交換フォーマットを否定する私は日本の嫌われ者であり、ＩＤＰＦの日本会員で私をリーダとして推したところはイーストとＪＥＰＡしかなかった。

サブグループの構成を決めるＩＤＰＦ ＥＰＵＢ ＷＧニューヨーク会議に、私はフィンランドにいたため参加できなかった。そこで、ソニーの金井剛さんを煩わせ、国際化サブグループの設立を提案していただいた。しかし、提案時点ではこの提案は通らず、スタイルサブグループのなかで国際化も扱おうといったん決定した。しかし、Skype で遅ればせながら議論に加わった私は、この決定を見直すことを主張した。国際化サブグループはぜひ作るべきであり、リーダは私が適任であると提案した。議長の Markus Gylling 氏が各国（とくに台湾）にそれでよいか確認したうえで、こんどは私の提案が通ることになり、ＥＧＬＳサブグループの設立と私のリーダ就任が決まった。正直、よく通ったと思う。

私が国際化サブグループのリーダになることができた最大の理由は、国際的な協力体制を作ろうという姿勢を示したことである。私は他国への働きかけに腐心し、その姿勢はＩＤＰＦにも伝わっていた。台湾、韓国、中国などをまとめようとする私は、ＩＤＰＦから見るととても頼もしく見えただろう。また、いち早くMinimal Requirements on EPUB for Japanese Text Layoutを提出して主導権を握っていたことも理由の一つだろう。

ＩＤＰＦにディレクターとしてある期間かかわった後で振り返ると、この時点で村田真がＥＧＬＳ(Enhanced Global Language Support)のリーダーに就任したことは、日本の電子書籍文化にとってもＩＤＰＦにとっても、そして多くの非英語圏の人々にとっても、とても重要なことだったように思われる。

村田真は、ＩＣＴ分野での技術標準の世界では、夙《つと》に悪名（おっと勇名）を馳せていた。Ｗ３ＣにおけるＸＭＬ ＷＧの日本人唯一の正式メンバー、Ｗ３Ｃに背を向けてジェームス・クラーク(James Clark)や川口耕介さんらとごく少数でＸＭＬのスキーマ言語ＲＥＬＡＸ ＮＧの仕様を設計し、ＩＳＯ／ＩＥＣで国際標準化を果たした男、ＯＤＦやＯＯＸＭＬなどの電子化文書フォーマットの標準化をめぐってあのヒデキと死闘を演じた男、云々。

標準化の世界には、一種独特の気風がある。企業の論理が通用しない。ぼくも経験したことだが、国際標準化のコミュニティで存在が認められ評価されるかどうかは、どんな企業に属しているか、どのような肩書きがあるかなどはまったく関係しない。所属企業が変わろうが、インディペンデントとして独立しようが、まったくお構いなしだ。一方で、企業の看板を背負って参加してくるメンバーは、最初からどこか軽んじられるところがある。国際標準化のエキスパートたちには、表面ではそれぞれの立場でドンパチをやりながら、所属する企業の利害や個人の関心を越えて、まさに地球規模で人類に裨益《ひえき》する標準規格を策定したい、という共通した理想主義の匂いがする。

ＪＥＰＡのＥＰＵＢチームが、ＥＰＵＢがグローバルな意味で覇権を握ることになる、という確信をもっていたことはまちがいない。そして、そのＥＰＵＢの仕様の中に日本語関連の要求を入れておかなければ、グローバルな市場における日本語そのものの存在が脅かされる、という危機感も誤ったものではなかった。

しかし、まさに手弁当での戦いに、彼らを駆り立てたものとは、いったい何だったのだろう。再び、村田真のメモから。

最初は要求リストを作っていただけでしたが、Markus Gylling に韓国と中国を紹介したころから、この戦いにおいて自分が決定的な役割を果たすことができるし、自分がやらなければおそらく駄目だろうと思いました。あとは、怒りですね。交換フォーマットと、自分にかかってくる政治的圧力への。敵ばかり作る私に人格的な問題はあるのでしょうが、和を以て貴しとなしていたら当然失敗していました。

当時の自分の tweet を見ると、怒りが爆発しています。

二〇一〇年七月二五日（日）
日本は自分のことだけを考え、世界のことまで頭が回らない二等国なんだなとつくづく思う。

二〇一〇年七月一一日（日）
台湾は積極的に参加してくれそうで、こちらも思わず台湾贔屓になっちまうぜ。日本？　オレの立場は日本代表じゃないね。

国内的にも、村田真は苦しい立場に立たされていた。前門の虎、後門の狼。

電子書籍交換フォーマットを国際規格にする場として想定されたＩＥＣ ＴＣ１００の人たちは、ＩＤＰＦ ＥＧＬＳ札幌会議の参加を希望した。ＥＧＬＳサブグループのリーダとして、私はこれを拒絶した。札幌会議は、ＩＤＰＦの会員がＥＰＵＢ３の国際化についての要求項目をまとめる場であり、ＴＣ１００とＩＤＰＦの間の政治的な調整をする場ではないというのがその理由である。その代わりに東京で、ＩＤＰＦのリーダたちとＴＣ１００のリーダたちとのミーティング作業した。

が行われた。EGLSサブグループは、最初から最後までTC100の影響をまったく受けずに

村田真は、ずいぶん簡単に経緯を書いているが、おそらく、ことはそれほど容易なものではなかったにちがいない。一方は、総務省からの予算で遂行されている、いわば日の丸プロジェクト。一方は、単なる民間のコンソーシアム。しかも、村田真の日本での足場は、JEPAという単なる民間業界団体の技術責任者に過ぎない。それでも彼は、国際的な標準化活動の場で活動する一人の個人として、自らの生き方を貫き通した。

❸ 日本におけるEPUBの立場

EPUBを敵視していたのは、TC100の関係者だけではなかった。三省懇で中心的役割を果たした総務省の松田昇剛さんが、『テレコミュニケーション』二〇一二年一〇月号に書いた記事におもしろい記述がある。二者の対談場面。

●**EPUB慎重派**　出版社のあずかり知らぬところで進められているが、日本語組版の要求仕様はどうやって決められているのか。

○**EPUB支持派**　一般公開して、みなさんにプレスリリースし、どなたでもコメントくださいと……

●確かに公開されていたかもしれないが、それに関して、主要な出版団体である協会にも正式な説明がなかったので、ほとんどの出版社はそういうことを存じ上げない。もうちょっと出版社の意見を、正面玄関をきちんとたたくような形で開いてくれないと。
○各団体には、（非公式に）三月中に説明をしている。なので、なぜ、そのような発言をされるのか、理解できない。
●そのようなやりかたをバックドアと呼んでいる。
○縦組みの仕様が進まないのは、日本から誰も要ると言わないから。
●それは単なる縦書きしか実現できておらず、禁則その他、要するに日本語表現は却ってぼろぼろになってしまう。……何度か試したことがあるがまともな日本語になっていない。結局、やらないほうがいいというレベルのもの。
○そのような文句は英語で書いて要求しないと、進まない。

三省懇での議論の真っ最中から、このような対立図式が顕在化していたのだ。後になってみれば、松田さんの記事では、ＥＰＵＢ日本語拡張仕様の策定と、出版デジタル機構の設立が中心的な話題になっていて、いわゆる交換フォーマットについてはいっさい触れられていない。交換フォーマットがもたらした結果は推して知るべしだが、このＥＰＵＢ慎重派の態度には、日本の出版業界がもつ宿痾《しゅくあ》のような問題点が見事に凝縮されている。結果からいうと、総務省事業が終わった後は、電子書籍交換フォーマットは一度も使われることはなかった。国際規格化も成功しなかった。

先に松田さんの文章からもうかがえるように、出版業界はこぞってＥＰＵＢそのものの動きに対しては否定的だった。ＥＰＵＢそのものが、ペリーを乗せた米国海軍の旗艦サスケハナ号のように映ったのだろう。だから、純国産規格を統合する電子書籍交換フォーマットに飛びついた。しかし、交換フォーマットがあったために、そして出版業界全体がＥＰＵＢに背を向けたおかげで、村田真のようなよそ者がＥＰＵＢの国際化の主導権をとることができ、国内合意を完全に無視することができた、とも考えられる。ひょっとしたら、電子書籍交換フォーマットがあったからこそＥＰＵＢの国際化は成功したのかもしれない。

先の松田さんの記録からもうかがえるが、出版業界は、国際標準がどういうものかまったく理解していない。理解しようともしていない。まさに夜郎自大。裸の王様と言い換えてもいいだろう。日本出版学会で報告した電子書籍コンソーシアムの総括にもそのことは書いた。出版社は技術も権利も何も持っていない。その出版社が、まるで裸の王様のように、井の中の蛙的に形式や手続きにこだわっている。そのようなこだわりが、生き馬の目を抜く地球規模での標準化戦争のテンポについていけるわけがない。国際標準化の現場では、国内で合意をとることに時間を費やすヒマなどないのだ。

縦組の品質がボロボロだって！　こんな品質ならやらないほうがましだって！　なにを寝ぼけたことを言っているのだろう。村田真たちが仕掛けた戦いは、地球規模での電子書籍フォーマット戦争の真っただ中で、日本語書記システムの伝統をなんとか生き延びさせるためのものだった。ぼくにはよくわかる。ユニコード戦争のときもそうだった。戦いは、地球規模でのＩＣＴ化の波のなかで、デジタル通信環境のなかで、どうやって日本語の言語文化そのものを生き延びさせていくか、というものなのだ。戦わなければ、デジタル通信環境のなかでは日本語の文化は滅びてしまうのだ。ましてや、このEPUB慎重派の人たちが拘泥していたのは、明治二〇年以来の百年余りの歴史しかもたない、近代活版印刷技術の残滓《ざんし》でしかない。この時点でのEPUB慎重派の人たちは、まさに座して死を待つつもりだったとしか思われない。

——二〇一〇年一〇月五日。台北。台湾ワークショップ。

IDPFのワークショップは、この後、間を空けずに台湾でも行なわれた。札幌会議がとても緊迫したものだったのに対して、この台湾会議は中央研究院の何《ホー》(何建明、Jan-Ming Ho)先生を中心とするホスト側のホスピタリティ溢れる対応もあり、また、各国の意欲に満ちた若いエンジニアたちの活発な発言もあり、希望に満ちて充実したものとなった。

『ユニコード戦記』の「あとがき」(本書「まえがきに代えて」にも再掲した)のくだりは、じつはこのときのことだった。村田真にしても木田さんにしても、ヒデキとのユニコードを戦場とする戦いがなければ、知遇を得ることさえなかったにちがいない。そして、ぼくが、このEPUBを戦場とする戦いに参画することも。

❹ CSSという戦場へ

SC34の韓国ワークショップも含め、この三回のワークショップで、IDPFとW3Cに提案するCJK組版要件が固まった。しかし、この戦いは、実装レベルでEPUBの日本語関連機能を実現するというゴールからすると、ほんの前哨戦にしか過ぎなかった。

　ＥＰＵＢ３のチャーターには、村田真たちが掲げた要求事項がすべて盛り込まれた。その背後に、JLreqというＷ３Ｃでの正式なWorking Group Noteを陽に参照し、そこから要求事項を厳選した、という戦術が功を奏したこともまちがいない。しかし、主戦場は、ＩＤＰＦからＷ３Ｃへと移っていた。村田真の言を借りると、「ＥＰＵＢなんて、ＨＴＭＬとＣＳＳをzipで固めただけのもの」ということに尽きる。細かい話は後述するが、まあ、そんなものなのだろう。ということは、ルビにしても縦書きにしても、ＣＳＳのスペックに入らなければ、そもそも二進も三進も行かない。

　これも後から村田真に聞いた話、というか、彼自身が昔のメールをひっくり返していて思い出したことらしいが、村田真自身は当初、Ｗ３ＣにおけるＣＳＳの動きに対して懐疑的な思いを抱いていたようだ。いざとなったら、ＣＳＳの仕様と乖離《かいり》することになっても、ＥＰＵＢ独自の対応でルビと縦書きを突っ込もう、と肚《はら》を括《くく》っていた節がある。宗旨替えを促したのが、アンテナハウス（当時）の村上真雄さんだった。彼は、Ｗ３ＣのＣＳＳワーキンググループに属していて、アンテナハウスがＣＳＳのフォーマッターをグローバルな市場で製品化する計画もあってＣＳＳの詳細を知悉《ちしつ》しており、どこをどういじればよいか、という見通しがあったのだろう。村上さんの存在が村田真を、ＥＰＵＢ独自規格ではなくＣＳＳの変更という、より困難ではあるが正統的な道筋に引き戻すこととなった。

　ここから、村上さん、石井さん、そして、エリカの、ＣＳＳとの壮絶な戦いが繰り広げられることになる。

7 CSS戦記

——二〇一五年九月一〇日。東京駅構内のとあるレストラン。

ずいぶん久しぶりに、アップル（当時）の木田泰夫さん、元マイクロソフトで今はグーグルにいる石井宏治さん、元アンテナハウスのエンジニアで今は自分の会社ビブリオスタイルでウェブ上の電子出版ビューアーと電子組版システムの開発に専念している村上真雄さん、そして村田真と、歓談の時をもった。木田さんがその日のうちにお嬢さんの弁当づくりのために京都に帰らなければならないというので、村田真が東京駅構内のレストランを予約してくれた。ウニ専門の店で、メニューのトップに、日本のウニから世界のUniへ、なんて書いてある。ほとんど当てつけだね。木田さんは、一人娘の京都の国際高校への入学のためにアップルを退社することを決意し、その準備のために一時帰国していた。

劈頭《へきとう》から話題は尽きなかった。なかでも、石井さんとともにCSSライティングモード（CSSのテキストの扱いに関するパート）のエディターを務めるエリカが、やはり話題の中心だった。ぼくの知らなかったことも多くあった。前にも書いたが、ぼくがエリカと初めて会ったのは、二〇〇五年秋のベルリンでのInternational Unicode Conferenceのときだった。あれから、もう一〇年が経つのか。このときのエリカの日本語組版に関する質問攻撃がきっかけとなって、ぼくはその後のJLreqにつながる活動を始めたのだった。

そして、エリカにとっても、このIUCでの発表が、その後の人生の大きな転機となった。石井さんの話では、このベルリンでの発表がとても高く評価され、彼女はプリンストン大学の学生の身でありながら、CSSライティングモードのエディターに抜擢されたのだった。ぼくが日本でJLreqにつながる活動をやっていたころ、エリカはかつて石井さんたちが「ワード」日本語版の実装を踏まえて提案したCSSの縦書きやルビの機能を、彼女の両親の故郷のペルシャを含むアラビア文字圏の言語をはじめとするさまざまな言語とともに整合性をもって扱える新たなアーキテクチャで書き換えるために悪戦苦闘していたのだった。

ぼくの人生が再びエリカと間近に交錯するのは、EPUBへの日本語機能導入の動きが活発化しはじめた二〇一〇年になってのこと。村田真が加治佐さんや下川さんに慫慂《しょうよう》されてEPUBにかかわりはじめたころ、村上さんはアンテナハウスのフォーマッターへの実装の必要性からW3CのCSSワーキンググループに深くかかわっていた。しかし、エリカの美意識や理想主義もあって、なかなか仕様固めが進まない状況にあった。一方で、村上さんにはアンテナハウスのフォーマッターの開発業務もある。小林徳滋社長からは、開発業務を優先するようにとの強い圧力がかかっていた。

村上さんがJEPAのEPUB研究会発足を知ったのは、そんな時期だった。すでに触れたが、村上さんは最初の研究会に出席し、その場で積極的参加を表明する。それとともに、村田真に対しては、EPUBでの日本語機能の実現は独自仕様ではなく、現在進行中のCSSライティングモードの日本語機能準拠で行なうべきだ、と強く主張する。村田真にとっても、CSSライティングモードの規格開発に直接かかわっている村上さんからの情報は貴重なものだった。IDPFの動き方によっては、

ＣＳＳライティングモードそのものの規格開発を早めることができるかもしれない。
ただ、村上さんや村田真から見て、ＣＳＳワーキンググループにおける問題は、村上さん自身の負荷と、エリカの理想主義が大きなボトルネックになっていることだった。ここで、村上さんが大きなヒットを飛ばすことになる――石井宏治さんの起用。石井さんも、日本語の国際化分野では古くからのスーパーエンジニアの一人だった。ジャストシステムの「一太郎」を営業面でも技術面でも打ちのめした「ワード」の、営業面での陣頭指揮を執ったのが元ジャストシステムの真柄さんなら、技術面での中心的役割を演じたのが学生時代から電子組版システムの開発に携わり日本語組版について知悉していた石井さんだった。
石井さんはそのころ、マイクロソフトを離れ、自分自身の会社を興して活躍していた。アンテナハウスにおける開発業務とＷ３Ｃを舞台とした標準化活動の板挟みになっていた村上さんが、この石井さんに白羽の矢を立てた。ぼくもかすかに覚えているが、このころぼくは村上さんの意を受けて、村田真とともにＷ３ＣでI18N CoreやＣＳＳワーキンググループのマネジメント責任者であるＰＬＨ(Philippe Le Hégaret)に彼の来日の機会に面談している。メールをひっくり返してみると、二〇一〇年八月三一日のこと。ぼくたちは首尾よく、石井さんをエリカと並ぶＣＳＳライティングモードのコエディターとして送り込むことに成功する。

――二〇一〇年九月一七日。アップル、WebKitへの日本語機能の実装を発表。

Ｗ３Ｃは、ある情報規格をレコメンデーションにするにあたり、二つ以上の実装が存在することを必須条件としている。標準として定まってもいないのに実装を進めるのか、という見方もあるが、実装がある仕様を追認する形でレコメンデーションにする、という見方もできる。ＣＳＳライティングモードも例外ではない。いくらエリカや石井さんがスペック固めをしても、実装がついてこなければいつまで経ってもレコメンデーションになることはない。

アップルの木田さんのチームは、マックＯＳやｉＯＳだけでなく、さまざまなプラットフォームで用いられるオープンソースのWebKit《ウエブキット》への縦書きやルビの実装を着々と進めていた。

村田真は、木田さんを通してアップルでのWebKitの実装状況を把握していた。このような動きが、ＥＧＬＳ札幌会議と台湾会議の間に立て続けに起こっている。これら一連の動きを踏まえて、村田真はＥＧＬＳ台湾会議に臨むことになる。そこには、村田真に強く要請されて、クパチーノから木田さんもやってきた。こうして村田真は、台湾会議で、ＥＰＵＢ３における日本語機能実現を、ＣＳＳの仕様策定に連動させる方向に大きく舵を切った。仕様策定という意味合いでは、村田真の仕事はここでほとんど終わった、といってもいい状態になっていた。

以後、技術面での主戦場は、ＣＳＳワーキンググループと、Ｗ３Ｃの規格群をレコメンデーションに持っていくためには不可欠となる現実的な実装の実現へと移ることになる。ＥＰＵＢ３の日本語機能実現は、石井さんとエリカ、そして木田さんの肩にかかることになる。

そのころの彼らの日々の仕事について、ぼくには知るよしもない。しかし、わずかながら彼らの働きを垣間見た記憶が蘇ってきた。

ひとつ。

二〇一〇年の秋、エリカがCSSライティングモードのスペック固めを集中的にやるために、ほとんど一カ月のあいだ東京に滞在した。イーストの会議室にこもり、EPUB研究会のメンバーも含めて、まさに缶詰状態で集中的に作業を行なった。エリカが日本を離れる直前の慰労会に、誘われてぼくも顔を出した。石井さんと村上さんを筆頭に、日本のメンバーとエリカのあいだには強い信頼関係と連帯意識が生まれていた。台湾のワークショップのときもそうだったけれど、そこには戦場での苦楽をともにした、いわば戦友にしか踏み込むことのできない、国や文化の境を越えた共感があった。

もうひとつ。

ときに、JLreqのメーリングリストに木田さんから「記述でわかりにくいところがある」というメールが入ることがあった。それに対して、小林敏先生は日本の組版現場での実例などを交えながら、ていねいに答えてくれる。たとえば、ルビ。従来の組版では、ルビ付きを想定した版面設計では、あらかじめ行間をやや広め（八分程度）に設定する。ルビ活字の大きさは、だいたい本文活字の半分程度なので、しっくり納まる。しかし、EPUBなどの電子書籍では、行間そのものを読者側で変更することが可能になる。また、ルビの活用方法も多様化しており、恐ろしく長いルビや多言語によるルビが入ってこない、という保証はどこにもない。

電子書籍の閲覧システムを実装する側からすると、考えうるあらゆる状況を想定したうえで、少なくともアプリケーションやシステムがハングアップすることがない程度にはつくり込んでおく必要がある。そこで、さまざまな状況を想定しての質問攻め、という次第になる。小林先生としては、そんなこと言われたって従来の商業出版物を対象とした職業的組版現場では、そのような状況など想像することすらできない。それでも小林先生は、JLreq に書き込まれた機能要件が、どのような理由から求められているのか、それが、物理的制約によるものなのか、読者の読みやすさへの配慮によるものなのか、はたまた明治以前の和本時代からの伝統によるものなのか、といった背景説明を含めながら、ていねいに答える努力をする。

行末でのいわゆる禁則処理にしても同じようなことがいえる。行長が四〇字以上ある文芸書の単行本と、一〇字余りしかない新聞や雑誌とでは、当然、禁則処理の対象となる文字や記号類は異なってくる。この問題も、しかし、一行の行数を読者の側で自由に変更できる電子書籍では、状況は大きく異なることになる。

もちろん、JLreq の記述どおりに実装できる場合もあれば、記述の背後にある実現すべき機能性を理解したうえで現象面では異なる実装を行なう場合もある。いずれにせよ、アップルの WebKit 実装チームは、JLreq をまさに座右において仕事をしてくれていたのだ。アップルのチームメンバーの幾人が日本人で、幾人が日本語を解するか、ぼくはつまびらかにはしないが、JLreq を日本語も日本語の組版規則も知らない開発者の役に立つものにする、という当初の目的が確実に達成できていたことを知った。そしてメーリングリストによる開発現場と伝統的組版のエキスパートがつながることによって、その遺漏を埋めることができることも。

8　かぐや姫

――二〇一一年一〇月。EPUB3発行。

奇跡が起こった。短期間の働きかけだったにもかかわらず、縦組、ルビなどの日本語組版を実現するために必要最低限の機能がＥＰＵＢ３の国際的な標準フォーマットに組み込まれた。ＣＳＳの機能をそのまま取り込んでいるＥＰＵＢで実現したということは、とりもなおさずＣＳＳでも実現したということをも意味する。ただし、ＥＰＵＢ３・０の発行時点で、ＣＳＳライティングモードはＷ３Ｃの正式なレコメンデーションになっていたわけではなく、単なるワーキングドラフトに過ぎなかった。それでも、ＩＤＰＦは陽にＣＳＳライティングモードのワーキングドラフトを引用する決断を下した。少なくとも、WebKit の実装がある。蛮勇といえば蛮勇。

しかし、この決断の背後には、マーカスや村田真の国際標準化とその実装局面の双方を永年見てきた経験があった。彼らは、自分たちの判断のみを信じて前に進むことを決断したのだった。世界の実装は、彼らについてくる、と確信して。

ＥＰＵＢ3が発行されても、村田真の仕事は終わらなかった。ＥＰＵＢ３・０を公的国際標準にもっていくこと、マンガの表現などに不可欠な固定レイアウトの扱いを決定すること、教育分野で必要とされる機能の拡張など、日本語だけにとどまらずＥＰＵＢ全体にかかわる課題が多く残されていた。なかでも、ＥＰＵＢを公的標準にもっていく活動は、まさに村田真の真骨頂。ビル・マッコイやマーカス・ギリングなどのＩＤＰＦプロパーからの全幅の信頼を背後に、まさに独擅場といった戦いを展開することになる。

この局面でも、村田真の悪知恵はとどまるところを知らない。情報規格にとって、ＩＳＯ、ＩＥＣ、ＩＴＵなどの国際的に権威と評価が定まった公的機関が発行した規格かそうでないか、には大きなちがいがある。とくに各国政府が情報関連システムを調達する場合、ＷＴＯ（世界貿易機関）などの取り決めによって、国際的な入札の公平性を担保するため公的国際標準に合致していることが求められることが多々ある。電子書籍のフォーマットも、その例外ではありえない。たとえば、電子教科書や電子白書などを発行するとき、公的国際標準に合致していることが必須のことになる。

まさに綱渡りで、まだワーキングドラフトの段階とはいえ、Ｗ３ＣのＣＳＳに日本語関連要件が入り、ＥＰＵＢ３でもＣＳＳを陽に参照することで日本語関連機能を実現することができた。コボやキンドルをはじめとして、日本国内の電子書籍市場でも雪崩を打ったように、ＥＰＵＢ３は圧倒的なシェアを握ることができた。しかし、ＥＰＵＢ３をめぐる国際標準化の活動は、それで終結というわけにはいかなかった。

何らかの形で、ＥＰＵＢを公的国際標準にしなければならない。この局面でも、激しい暗闘が演じられた。しかし、この場合は、たとえばＩＳＯ／ＩＥＣ ＪＴＣ１／ＳＣ34におけるＯＤＦとＯＯＸＭＬとの争いのような複数の規格どうしの覇権争いとは様相を異にしていた。嫁一人に婿多数。いわばＥＰＵＢはかぐや姫状態となってしまった。競い合ったのは、ＩＳＯ／ＩＥＣ ＪＴＣ１／ＳＣ34のほかに、ＩＳＯ ＴＣ46とＩＥＣ ＴＣ100。

TC46は、図書館関係の規格群を策定している。IEC TC100は、オーディオ、ビデオおよびマルチメディアのシステム・機器関係の規格群を策定している。標準屋の常識的な判断からすれば、SC34がEPUBの公的標準化の受け皿となるのが穏当なところだが、そうは問屋が卸さないのがまた、標準化の世界なのだ。

マーケットで一気に市場性を獲得したEPUBは、今やまさに時代の寵児《ちょうじ》、かぐや姫そのものなのだ。だれもが一枚噛みたいと考える。日本では考えられないが、欧米には標準化活動を主たる職業として、それだけで生活している専門家が少なからず存在する。彼らは、国から報酬を受け取ったり、企業の顧問として報酬を受け取ったりしながら、標準化活動に専念している。そんな彼らにとっては、社会の耳目を集める規格の策定にかかわることは、自分の評価を高めるうえで、またとないチャンスなのだ。

うまくやれば、そのような規格を人質にとって、メンテナンスという名目で継続的な仕事をつくり出すことができる。もちろん、図書館業界にとっては、電子図書館の帰趨を考えるうえで、EPUBフォーマットへの発言権を確保することは不可欠なことだし、マルチメディア機器にとってもEPUBはその将来展望を考えるうえで欠くことができない。ましてや、IECのTC100はTA10において、ソニーが主体的に推し進めてきたIEC62448を開発してきている。見方によっては、TC100が62448を捨ててEPUBに乗り換えようとしている、と見ることもできる。

IDPFにとっては、村田真のホームグラウンドであるSC34で規格化してもらえるのが、いちばん好都合だ。かといって、TC100やSC46を敵にまわすわけにもいかない。敵にまわしたときの標準化屋のネガティブキャンペーンもまた半端ではない。村田真やぼくたちだって、脛に傷がないわけでもない。

ＳＣ34かどうかは別としても、ＩＤＰＦとＥＰＵＢ側にも公的標準化のうえでの問題が残されていた。一つは、Ｗ３ＣのＣＳＳライティングモードがこの時点で正式なレコメンデーションになっていなかったこと。ＪＴＣ１の規格群は、Ｗ３Ｃやユニコードコンソーシアムなど実績のある特定組織の私的規格を、公的規格の一部として取り込むことを認めてはいる。しかし、Ｗ３Ｃに関していえば、それはあくまでもレコメンデーションとして発行されたものであって、ワーキングドラフトは含まれない。

もう一つの問題は、メンテナンス。ＩＤＰＦとしては、自分たちが開発した規格なのだから、メンテナンスについてのフリーハンドがほしい。しかし、公的標準屋にしてみると、何とか口をはさんで自分の実績に持っていきたい。このせめぎ合い。

村田真の戦術は、きわめて狡猾《こうかつ》だった。再び村田真のメモから。

●国際規格化阻止のための各国への働きかけ

電子書籍交換フォーマットをＩＥＣで国際規格化しようという試みがあることを海外の人に伝え、反対するよう依頼した。この依頼に反応したのはイギリスであった。イギリスから見れば、ＩＥＣはデバイスメーカがデバイス関係の規格を扱っている委員会であり、電子書籍のフォーマットを扱うべき委員会ではない。別の委員会（ＪＴＣ１／ＳＣ34など）にいるイギリスの出版関係者を排除し、日本のデバイスメーカだけで規格化しようという意図だと判断された。実際、（日本の）TC100関係者は、日本だけの意向で国際規格化できると豪語していたので、この判断は的外れではない。

TC100のシアトル会議で、電子書籍交換フォーマットの国際規格化が提案された。イギリスとIDPFはこれに強く反対した。IDPFには、電子書籍交換フォーマットの国際規格化は、鎖国政策にしか映らなかったようだ。会議では何の合意も得られず、電子書籍交換フォーマットの国際規格化は頓挫した。

●ISO／IECでの出遅れ

日本が電子書籍交換フォーマットにこだわっている間に、韓国はスマート教育の一環として国を挙げてEPUBに取り組んできた。その結果、EPUBをISO／IECで標準化するにあたって、韓国から迅速化手続き〔筆者注：Fast Trackという〕で提出することになった。正確に言うと、韓国から出すことを発案したのは私だが、日本からという選択肢は無理だった。その後、韓国は、EPUBのメンテナンスを担当するJoint Working Groupのコンビーナとなった。

村田真は、JTC1としてSC34がホストとなって、TC100とTC46を招いた連携のためのアドホックグループをつくって、わざと時間をかけて議論し、関係者のガス抜きを図るという策を弄《ろう》する。

どの委員会が主体となるかの議論を最初は避けた。この議論に突入してしまえば、ＳＣ34もＴＣ１００もＴＣ46も引き下がらず、議論は収束しない。まず、事実確認に時間を使った。ＩＤＰＦ側についての確認事項として、ＥＰＵＢを構成する仕様がいくつあるか、ＥＰＵＢが参照している仕様は何か、ＥＰＵＢをいつ改定するのかなどがあった。とくに、確定していない仕様を参照することは国際規格では禁じ手であるため、ＥＰＵＢが何を参照しているかは重要である（縦書きを実現するCSS Writing Modesは確定していないことに注意）。ＩＳＯとＩＥＣ側についても、確認すべきことは多い。規格と技術仕様はどう違うか、複数ある標準化プロセスはどう違うか、メンテナンスはＩＤＰＦが行なうかＩＳＯやＩＥＣが行うのかなどである。これらを確認していくうちに、ＥＰＵＢを公的標準にすることの難しさがだんだん理解されてきた。それにつれて、自分の委員会が主体となると安易に主張しにくくなっていった。

一方で、ＳＣ34の議長国である韓国を表に立てて、自分自身は最前線での論戦は挑まない。とくに、初等教育へのＥＰＵＢ導入計画がすでに決定している韓国にとっては、ＥＰＵＢの公的標準化は焦眉の急となっている。

最終的には、ＩＳ（International Standard）ではなくＴＳ（Technical Specification）を韓国から迅速化手続きで提案するという奇手で、まとめ上げた。この手には、多くのメリットがあった。村田真によると、以下の四つ。

（1）ＩＤＰＦの事務負担が減る
（2）早期に Technical Specification にできる
（3）三つのＳＣで別の投票結果が出ることを避けられる
（4）韓国が喜ぶ

この活動を、村田真は、ほとんど無報酬で成し遂げた。というか、ことの緊急性と重要性を、日本の行政も出版産業や教育産業もまったく理解していなかった。ＩＤＰＦにおけるＥＰＵＢ３・０の策定のときだって、総務省の予算がついたのは、国際的にはＩＤＰＦのチャーターが発表され、ＥＧＬＳが発足し、実際の開発作業の道筋が見えた後だった。一歩まちがえば、国際会議への出張旅費さえも自腹を切らなければならない状況に追い込まれていた。ＪＥＰＡの有志が寄付を募り、かろうじて旅費程度は工面することができた。ぼくも極少額の寄付をしたが、日本語を生き延びさせるための技術標準化活動を一般有志の寄付で支えた、というのも、終わってみれば悪い話ではない。とはいえ、それで行政や業界の怠慢が許されるというものでもないだろう。

9　EPUB3の戦後

ＥＰＵＢ３の策定作業は、実質的に二〇一〇年五月に終わっていたが、最終的に発行されたのは二〇一一年一〇月だった。しかし、この時点でもまだＥＰＵＢ３が普及していたわけではない。ＥＰＵＢを最初に採用して国内で電子書籍ビジネスを展開したのは楽天だった。楽天は、グローバルな市場でキンドル（Kindle）を追撃する二番手だったカナダ企業のコボ（Kobo）を買収し、グローバルにも日本市場においても積極的に電子書籍ビジネスに参入しようとしていた。楽天は、すべての電子書籍についてＥＰＵＢを採用し、それ以外のフォーマットを用いなかった。楽天＝コボがＥＰＵＢに舵を切ることで、ＥＰＵＢという流れが一気に現実のものとなった。実際、グローバルな電子書籍ビジネスを展開しようとするなら、ＥＰＵＢ一つですべてに対応するのが最も効率的だということも明らかだった。

最後のダメ押しとなったのが、日本電子書籍出版社協会（電書協）によるＥＰＵＢの採用だった。それまで、交換フォーマットやＸＭＤＦ（シャープの電子書籍フォーマット）に肩入れしてきた電書協がＥＰＵＢに方針転換したことにより、日本の電子書籍がＥＰＵＢを中心とすることが確定した。ＥＰＵＢに背を向けつづけていた電書協がＥＰＵＢに大きく舵を切った背景には、角川書店グループを代表して電書協の活動に参画していた新名新さんと同書店の若手社員の力が大きかった。電書協の若手メンバーはその後、ＥＰＵＢで書籍を作成するためのガイドラインまでつくっている。電書協が

ＥＰＵＢに加担することによって、電子書籍のフォーマットという局面では、ＥＰＵＢの完全な勝利が決定づけられた。

奇跡が起こった。それも、一度ならず。奇跡のような出来事が、立て続けに起こったことを奇跡というのかもしれない。ともあれ、ＣＳＳに、ワーキングドラフトとはいえ、日本語の縦書きやルビの機能が入り、ＥＰＵＢ３・０が発行され、日本の電子書籍市場ではＥＰＵＢ３がフォーマットの主流となった。ＩＳＯ／ＩＥＣ ＪＴＣ１／ＳＣ34をホストに、ＴＳも発行された。

ぼくはといえば、選挙に立候補し、二〇一二年から二〇一三年にかけてＩＤＰＦのディレクターを務めた。二〇一二年には、国際電子書籍展の一環として開催されたＩＤＰＦ主催のセッションでパネルのモデレーターを務め、二〇一三年にはＷ３Ｃが主催したeBook Workshopで、旧知のリチャード・イシダとともに共同議長を務めた。

村田真は、相変わらずＪＥＰＡのＣＴＯとして、雀の涙のような報酬で、ＥＰＵＢの固定レイアウト対応や教育分野対応のための策略をめぐらせている。

ＥＰＵＢ戦争とは何だったのか。

村田真の物語の幕を降ろすにあたり、二つの引用で締めくくりたい。一つは、EBook 2.0 フォーラムを主催している鎌田博樹さんによる見事な総括。もう一つは、村田真自身のいわば悪人としての懺悔。まずは鎌田さん(http://www.ebook2forum.com/2011/12/epub3-commentary-7-challenges/)。


ＥＰＵＢ戦記（７）：世界標準に縦組という奇跡

2011/12/04

ＥＰＵＢは、Ｗ３Ｃの三標準（ＨＴＭＬ、ＣＳＳ、ＳＶＧ）をベースとしているので、それらにない機能は入らない。ないものは間に合うように大急ぎでつくるしかない。それに日本と台湾でしか使われていない機能を世界標準に盛り込ませるには、相当の説得力と腕力、あるいはそれ以上のものも必要だった。奇跡とも言える一年半を見ていく前に、何をクリアする必要があったかを要約しておきたい。

●縦組はWeb（W3C）とE-Book（EPUB）の「二重標準」

標準化の主戦場は、もちろん標準化団体の会議の場が中心となるが、ＥＰＵＢの場合にはやや複雑だ。ＩＤＰＦは、Web の標準技術から必要な機能を借用してＥＰＵＢを構成することを基本ポリシーとしているので、ＥＰＵＢの骨格はＸＭＬで記述されたＨＴＭＬとＣＳＳ、ＳＶＧから成るのだが、それらはＷ３Ｃで策定されている。借りてくるには、Ｗ３Ｃのドキュメントに載ってないといけない。二〇一〇年の時点で、日本語の縦組やルビを可能とする機能は標準のＣＳＳには含まれていなかったから、ＥＧＬＳのチームは、Ｗ３Ｃ／ＣＳＳの場で活動し、これを標準化のプロセスに載せると同時に、ＩＤＰＦでＥＧＬＳの必要性を認めさせる必要があった。当然、前者にも時間がかかる。村田さんによると、Ｗ３Ｃでの策定タイミングをＥＰＵＢ３のスケジュールに合わせられる可能性は五分五分よりもかなり低かったという。

村田さんによると、W3CのCSSと整合性を取れない場合でも、IDPFだけで縦組を入れることは不可能ではなく、彼もこの選択肢を最後の手段として残していたようだ。しかしそれではWebとE-Bookの融合という趣旨と外れるので、IDPFにとっても好ましいことではない。WebKitなどのオープンソースでも採用されない可能性が大きくなり、標準としての価値は大きく損なわれてしまう。IDPFのビル・マッコイ氏も村田さんも、それは何とか避けたかった。

標準は一日にしてならず。ここでモノをいったのは、一九九〇年代初めから日本印刷技術協会（JAGAT）や日本規格協会（JIS X4051）で続けられてきた作業だった。複雑な日本語組版処理の要件を明示化し、出版・印刷業界の合意を形成するのは、かなり気の遠くなるような作業である。これが始まった当初は環境としてのWebはなく、また「国際標準」につなげることが目標になっていたとは思えないが、この仕事がもとになって、一九九九年には、マイクロソフトのスタッフが書いたInternational Layout in CSSがCSSのWorking Draftとして提出された。

また、二〇〇四年から要件の英文による定義とW3Cの正式文書化の作業が始まり、二〇〇九年に日本語組版処理の要件が策定された。これには、活字編集技術の生き字引とも言える小林敏さん、当時ジャストシステムにいた（ユニコードの）小林龍生さんなどが関わっている。

Webにおける本格的日本語組版の実現をターゲットにした作業の成果をCSSの仕様とすることができれば、これをEPUB3に載せることも理屈の上では可能である。ただ、確率は低く、かなりアクロバティックなウラ技が必要だった。

二〇一〇年二月、JEPAがIDPFの首脳にEPUB日本語拡張の意思を明確にした時点で、「縦組CSS」の仕様は存在しておらず、これをEPUB3の作業にシンクロさせなければ、成立することはない。ここで予算とスタッフを投入し、スケジュールにも影響力を持つ国際的大メーカーが本気で取り組んでいれば、少し話が違っていただろう。しかし、悲しいかな、中国市場と反比例して日本市場の国際的地位が低下した最近では、日本メーカーを含めてそうした動きはなく、日本人スタッフの活動も全社（戦略）レベルでは評価されないことが多い。日本の活動の中心は、二〇〇九年一一月にEPUB研究会を発足させたばかりのJEPAが担うしかなかった。ボランティアレベルの活動だ。

●ボランティアの少数精鋭による普遍性の主張

もっとも、筆者の経験でも、金がないことを除けば、少数精鋭、ボランティア中心の活動というのは、企業での意思決定、パートナー企業間や業界団体の合意形成、国との調整といった、面倒で神経を磨り減らす仕事から解放される分、技術そのものと会議での駆け引きに集中できるので、メンバーさえよければ悪いことばかりではない。村田さんは、「日本のふつうのやり方でやっていたら絶対に出来なかった」と断言し、「だから私は嫌われる」と付け加える（最近はこれに「日本では」というのを加えているが）。

ボランティアで何が出来る、と思われるかもしれない。しかし、前回ふれたように情報技術の標準化（とくにユニヴァーサル標準）の世界では、肩書きより実績が重視される。実績ある人物が大組織のバックもなしで出てきたら、それは自己の信念に忠実な本物のプロが、公共の利益のために何かをやろうとしているのだ、と考える。たとえ所属企業の指示があっても、そういう人間を敵に回すことは、世界ナンバーワンの企業の代表でも無下には出来ない。間違いなくプロのコミュニティでの評価を落とすからだ。標準化のパワーポリティクスの世界においても、「道理（職業的倫理）」というものは尊重される。ただ、どんな人物でも、日本のためにしかならない（個別利益のための）仕様を提案してくれれば話は別だ。「日本語の縦組をぜひ」では世界標準にはならない。それが認知されるには、

（1）日本をはじめ東アジアに強いニーズがあり、
（2）文化的・商業的価値のある縦組を実現する機構が、
（3）技術的整合性を損なわず、実装・実行上の負担にもならない
（4）仕様化のために余計な時間をとらない

ということを納得してもらわないと同意がもらえない。ＸＭＬを体現する村田さんのような人物の提案であれば、誰も（3）の心配はしないだろう（ふつう、これは実証しないといけない）。

問題は（1）と（2）を証明することだ。村田さんは、日本以外で縦組を使っている唯一の国である台湾、歴史的に漢字文化を共有する中国と韓国、縦組の文字文化遺産を持つモンゴルに対する根回しが成否を握ると考えた。そして、縦組の普遍的価値を理解し、支持し、主張する非東洋人が必要だった。こういう時こそ、日ごろの付き合いが意味を持つ。（鎌田、2011-12-04）

続いて、『情報管理』（55巻1号、二〇一二年）に掲載された村田真なりの総括（https://www.jstage.jst.go.jp/article/johokanri/55/1/55_1_13/_pdf）。この論文の最後の部分が、めちゃくちゃおもしろい。タイトルは「電子書籍フォーマットＥＰＵＢと日本語組版から」。副題に「日本でメインストリームにいる人間は国際標準化の舞台ではまず勝てない」とある。ぼくは、この論文を鎌田さんのひそみにならって「だから私は嫌われる」とよんでいる。ぼくはこの部分が大好きだ。

4　国際標準という戦い

4・1　駄目な発想

国際の場でどう行動すれば、日本語についての要件を満たすようにすることができるだろうか。まず、典型的であって駄目な発想を示し、それを否定する形で国際の場で勝つ発想を示す。

4・1・1　国内合意から始めるという発想

国内で日本語組版に関する有識者を集めて議論し、得られた結果を国際で通すという発想がある。これは日本では当たり前の発想であり、普通はこう振る舞うだろう。しかし、これはうまくいかないことが多い。EPUBのときにこう振る舞っていたら、確実に失敗していただろう。以下に何が問題なのかを示す。

(1) 国際へ出ていく人にとっての問題点

・国内で実に細かい議論をして合意に達しなければ、国際の場に提案を持っていくことすらできない。
・国際の場では、日本にはない要求(たとえば注印符号、先頭行が左に来る縦書きなど)や新しい提案が出てきて仕切り直しになる。この時点で、国内で議論したことの多くは無駄になる。
・国際の場では、短い時間の審議で結論を出すことが必要になるので、国内の合意を取っている暇などない。
・あとで国内に報告するとき、国内の議論にしか参加していない人を納得させることが難しい。

(2) 予想される国際の拒否反応

・国際の場でなく、日本国内で決めようとするなんてけしからん。
・他国の文化・言語を無視して日本だけで決めようとしているのか? 縦書きは台湾にも香港にも、内モンゴルにもある。右開きは中東にだってある。ルビは台湾にも中国にもある。

4・1・2　国内の肩書で勝負するという発想

日本の中で議論しているとき、所属する組織とその中での地位は重要かも知れない。しかし、国際の場に出たとき、国内の企業・肩書はほとんど何の意味も持たない。それがどうした、世界に通用する実装がある会社ならともかく……というのが国際の反応であろう。

4・1・3　夜郎自大の発想

世界標準はアングロサクソンが握っている、アングロサクソンは英語のことしか考えていない、アングロサクソンに日本人が異を唱えなければならないという発想が一部にある。こういう発想を持つ人は、中国・韓国・台湾の要求さえもろくに知らず、中東他の文化圏にいたっては完全に無知なことが多い。

一方、ヨーロッパどころか、中東やアジアのことまで知っている人が国際の場にはいることがある。彼らからすると、こういう発想は夜郎自大でしかない。下郎、推参なりと切って捨てられても仕方がない。

4・2　国際の場で勝つ発想

これまで述べてきたことを逆にすれば、そのまま国際の場で勝つ発想が見えてくる。

・台湾・香港はもちろんのこと、中東の要求まで対処しよう。その一環として日本語にも対処しよう。

・ベテランエキスパートの国際的な人脈を大事にしよう。
・肩書・所属組織はほとんど気にしない。
・国内では単に情報交換だけしかしない。
・日の丸を立てない。日本の都合を前面に出さず、日本独自と見られないように心掛ける。
・こういう発想で行動すると、国内では反感を買うことはよく知っている。しかし、国際の場で勝とうと思えば、こういう発想はイロハのイである。

4・2・1　具体例

ＥＰＵＢ３への漢数字やイロハの導入を、国際の場での戦いの実例として示す。これらはさほど重要な機構ではないが、技術内容は誰にでも理解できるので、国際の場で勝つ発想がどんなものかをわかりやすく示すのに適している。なお、この件はアップルの木田泰夫氏とグルーソフトウェアの石井宏治氏がおもに成し遂げたことであり、私はほとんど関わっていない。

（１）背景

番号を自動生成する機構がＣＳＳには含まれている。ＨＴＭＬの箇条書きのとき番号が振られるのは、これが自動的に適用されるからである。ＥＰＵＢはＣＳＳとＨＴＭＬを採用しているので、番号を自動生成する機構をこれらから引き継いでいる。

ここで問題となるのは、漢数字やイロハの自動生成がＣＳＳ２・１には含まれていないことである（後述するがＣＳＳ２・０には入っていた）。ＥＰＵＢ３はＣＳＳ２・１を基準としているので、普通に考えればEPUB3にもこれらは入らないことになる。

漢数字やイロハがないと日本では困る、だからEPUB3に入れてくれというのが負ける発想である。国際の場では、どんな反応が返ってくるかは簡単に予想できる。CSS2・1にないならW3C CSS WGで拡張を提案すべきだと言われるだろうし、日本だけの都合でCSS2・1をベースとするという原則を曲げることはできないと言われるだろう。こういう発想では、通るものも通らない。

（2）負ける発想

（3）勝つ発想

外資系企業（アップルとマイクロソフト）で鍛え上げられた木田泰夫氏と石井宏治氏は、まったく別の発想をする。日本ということを少しでも目立たなくしようとするし、日本のユーザー要求すら積極的には持ち出さない。

まず、EPUB2との互換性を主張する。CSS2・1にはない番号生成方式がCSS2・0にはいくつか含まれていた。EPUB2はCSS2・0をベースとしたので、EPUB2にも当然含まれている。互換性のために、EPUB3でも落とさないことが望ましい。CSS2・1にない番号生成方式はすべて国際化に関連するものなので、国際化のためにも落とすべきでない。

それでは、なぜCSS2・1ではいくつかの番号生成方式をあえて除いたのだろう。CSS2・1は、CSS2・0にある曖昧さを取り除くことが最優先であった。そのため、ある時点で実装されていない機能はすべて落とされてしまった。しかし、その後になって、WebKit

などの実装ではいくつかの番号生成方式が追加された。CSS2・1から落ちてしまったのは仕方ないが、すでに実装されたものをEPUB3からあえて落とす理由はないのではないか。

この主張にはまったく異論が出ず、ほんの数分審議しただけで簡単に通った。結果として通ったのは、ヘブライ語の番号生成、漢数字、アイウ、あいう、イロハ、いろはの五つである。説明のときに例として使ったのは、むしろヘブライ語の番号生成方式であった。

4・3　駄目な拡張方法

日本語に対応する機能を仕様書の中にどう盛り込むかについても、日本では十分に理解されていないように見受けられる。

4・3・1　駄目な拡張方法1：追加の別仕様書

EPUB本体に追加する日本語拡張仕様書を別途に作るのがよいと考える人がおそらく日本には多いだろう。総務省の支援事業の名称である「EPUB日本語拡張仕様策定」もこの方法を示唆している。昔は、この方法しかなかったかも知れない。しかし、今となってはまったく駄目な方法であることは断言できる。

なぜ駄目なのだろう。まず、この方法は、国際的には日本語対応はやらなくてもいい、EPUB本体だけを実装すればよいと言っているのに等しい。それでは日本語に対応しない実装が普通になってしまうだろう。より本質的な問題は、日本語拡張部分が他の言語から孤立してしまうことである。他の言語との共通部分をできるだけ見出す努力をしていかなければ、仕様制定においても実装においても、日本人だけですべてをやらないといけなくなってしまう。コストにも跳ね返るし、アクセシビリティは疎かになるだろう。

４・３・２　駄目な拡張方法２：妙な変種

ＥＰＵＢ本体とは別に、日本語ＥＰＵＢ仕様を作るという動きがないわけではなかった。これは、標準的なツールが使えないという意味でただの独自仕様であり、論外といえる。

４・４　望ましい拡張方法

前項で説明した二つをまったく反対にしたものが、望ましい拡張の仕方である。つまり、ＥＰＵＢ３本体のなかに日本語関連部分が組み込まれて渾然一体となり、どの部分が日本語に関係するのかは一見してもわからないことが望ましい。実際のＥＰＵＢ３はこうなっているし、ＸＭＬも Unicode も同様である。

５　おわりに

ＩＤＰＦにおけるＥＰＵＢ３仕様制定活動は、国際化サブグループリーダーとしての責任も重くのしかかっていたが、やりがいのある仕事、使命感をもって取り組める仕事であった。今となってみればただひたすら楽しかったとすら思う。

国内では苦い思いをさせられることがいろいろあった。しかし、陰鬱な音程でこの稿を終えたくはない、うれしかったことを書いて締めくくりとしたい。

ＥＰＵＢ３の制定後、二〇一一年一一月に、台湾を再び訪問したとき、中央研究院の何博士と再会することができた。博士はＥＧＬＳの二回のミーティングの参加者である。台湾は、縦書きと注印符号をぜひＥＰＵＢに入れてくれとＩＤＰＦに熱心に要請し、私がリードするＥＧＬＳサブグループに期待と不安を感じながら札幌にやってきた。私は何博士の到着を待って一献を傾け、会議中も台湾の意見をよく聞くことを心がけた。

博士は、私のリーダーシップに従ってよかった、電子書籍だけではなくWebブラウザにまでわれわれは影響を与えることができたと言ってくれた。台湾の信頼を得ることができたのは、ＥＧＬＳサブグループが成功した理由の一つである。夜郎自大では軽蔑を買うだけだが、他と協調しつつリーダーシップを発揮すれば尊敬されるのだと思う。


――二〇一二年七月。国際電子出版エクスポ、ＥＰＵＢ３のセミナー。


ぼくは、国際電子出版エクスポ、ＥＰＵＢ３のセミナーの一環として行なわれた、ＩＤＰＦのＣＴＯのマーカス・ギリングと電子出版にかかわる評論で著名なエリザベス・カストロ（Elizabeth Castro）女史が登壇したパネルセッションで、モデレーターを務めた。

この時点でも、ＣＳＳライティングモードはまだワーキングドラフトのままで、レコメンデーションになっていなかった。しかし、マーカスは会場からの質問に答えて、ＩＤＰＦにとってそれがワーキングドラフトの段階だったとしても、ＥＰＵＢ３をＷ３Ｃの動きに同調する以外の選択肢はありえなかった、そしてそう判断したことにまったく後悔していない、とはっきりと言い切った。その瞬間、会場からいささか場ちがいな、ひときわ大きな拍手が聞こえた。村田真だった。

10　JLreq という出来事、その後

二〇〇九年六月に発行まで漕ぎ着けたとはいえ、JLreq の第1版は途中でフェリックスがドイツに去ってしまったり、阿南康宏さんがマイクロソフトを退社して上海に去ってしまったりしたこともあって、いくつかの重要な項目を積み残したまま発行せざるをえなかった。とくに、日本語原案からの英訳作業の戦力が大幅に削がれたことと、フェリックスが担ってくれていた事務局機能が失われたことが大きかった。それでも、小林敏先生は着実に日本語原案を書き足してくれていたし、小野澤さんも手厳しいコメントを寄せ続けてくれていた。

ぼくはといえば、ジャストシステムの経営権がキーエンスに移って浮川夫妻が経営の第一線から退き、ヒデキもあまり来なくなったジャストシステムのオフィスで、山口琢さんがつくってくれたxfy《エックスファイ》上のバイリンガル編集システムを用いて、少しずつ英訳作業を続けていた。

浮川夫妻という後ろ盾を失ったぼくには、ジャストシステム内での仕事はほとんど残されていなかった。契約上、毎週何度かはオフィスに顔を出すものの、やる仕事など何もない。砂を噛む思いを抱

いての作業だった。そして、その日が来た。

——二〇〇九年九月。ジャストシステムからの契約打ち切りの通告。

ジャストシステムからの契約打ち切りの通告を受け、ぼくは、インディペンデントになってからも続けていたジャストシステムデジタル文化研究所の所長を退任した。デジ研という組織（もともと、メンバーは、ぼくとアシスタントの斯波綾子さんだけだったけれど）も廃止された。

——二〇一〇年一〇月。浮川夫妻、ジャストシステム取締役を退任。

浮川夫妻がジャストシステム取締役を退任。同時に、メタモジ社を設立。

ジャストシステムからの縁を断たれ、路頭に迷いかけたぼくに、救いの手をさしのべてくれたのは、意外にも「一太郎」やＡＴＯＫで、ＯＯＸＭＬやＯＤＦで敵どうしとして戦ってきたマイクロソフトＣＴＯだった加治佐俊一さんだった。

「何か日本語の将来に役立つことをやりましょう」

これだけの条件で、ぼくとコンサルタント契約を結んでくれた。あとは、情報処理推進機構（ＩＰＡ）の文字情報基盤事業の手伝いで糊口をしのぐことができた。

しかし、第1版を発行したあと、ＪＬＴＦの活動は出口の見えないトンネルに入ったままだった。そんな閉塞状況を打ち破ったのが村田真だった。彼の訳のわからないメールを機に、ＥＰＵＢと電子書籍の世界に引き戻され、ソウルやら札幌やら台北やらに引きずり回されているうちに、JLreqを高く評価し全幅の信頼をおいてくれている人たちが、ごく少数とはいえ地球上に存在することを知った。彼らの存在が、先の見えないトンネルを少しずつでも進んでいこう、という力を与えてくれた。ぼくたちは、まさに最後の力を振り絞って、第2版の完成をめざした。

——二〇一二年四月。〝日本語組版処理の要件〟（JLreq）第2版発行。

JLreq第2版発行。同時に、『ユニコード戦記』の編集担当者だった浦山さんの尽力で、書籍版『日本語組版処理の要件』（東京電機大学出版局、二〇一二年）発行。書籍版は、W3Cのサイトに掲載されているHTML版をベースに、石野さんがアンテナハウスのフォーマッターを用いて生成してくれたPDFを版下《はんした》として制作された（図3・2）。今から振り返ると、この書籍版の制作過程そのものが、紙の書籍と電子テキストとの関係を考えるうえでも、優れて先進的な事例だったように思われる。

図3.2　『日本語組版処理の要件』

第1版が公開され、さまざまなコメントが寄せられたり、CSSやEPUBの仕様策定に際して参照されたりするうちに、JLTFメンバーのなかに何らかの形で書籍版も形にしておきたい、という願望が芽生えてきた。情報としてはウェブ版でこと足りているはずなのだが、どういうわけか、そこはかとないやり残し感が残る。フェリックスが日本を去ったのち、積み残した項目の英訳作業を少しずつ進めながら、ぼくの心の中では、第2版が完成した暁にはこの仕事を物理的な形をもった書物としても残しておきたい、という思いが次第にはっきりとした形をなすようになっていった。そして、その思いが、気の遠くなるような一つ一つの作業を進めるうえでの励みともなった。その思いは、小林先生をはじめとする他のＪＬＴＦのメンバーも同じだったのではないか。

第2版の策定作業が終盤にさしかかったころ、小林先生が複数の版元に対して書籍版の発行を打診してくれた。昨今の出版事情を考えると、どの版元もおいそれと首を縦に振ることができないことは容易に推察できる。委細は省略するが、最終的には東京電機大学出版局が文字どおり快諾してくれて、この仕事に物理的な形が与えられることになった。

物理的な形を与えられるとなると、仲間たちにおのずから欲が出る。日本語組版のことを語る本なのだから、みっともないことはできない。一方、試行錯誤を繰り返しながらもせっかくここまでＸＨＴＭＬを中核とするＷ３Ｃのドキュメンテーション技術を駆使して作業を進めてきたのだから、このワークフローを最後まで貫徹したい。テキストと図版だけを抜き出して、既存の組版システムに流し込むなどという無様なことは金輪際したくない。組版の細部も、本文で求めている事柄に沿ったものでなければならない。

JLreq は、その策定作業のごく初期から、パラグラフ単位で英語版と日本語版がバイリンガルに併置されるＸＨＴＭＬ（Extensible Hypertext Markup Language）のフォーマットで開発されていた。ぼくは、山口琢さんが開発してくれた xfy ベースのバイリンガル編集環境で作業を行なっていた。Ｗ３Ｃのサイトで公開する英語版も日本語版も、このバイリンガルのマスターデータからＸＳＬで切り出して作成していた。

紙の書籍版も、このXHTMLのデータに、書籍版に最適化されたCSSをかませて、アンテナハウスのフォーマッターを用いてPDFとして吐き出し、それをそのまま印刷版下に用いよう、と企てた。

実際の制作作業は、しかし、それほど容易なものではなかった。アンテナハウスの石野さんと小林先生のあいだで、傍目にも素敵なバトルが繰り広げられた。本人たちはおそらく半泣きだっただろうが。小林先生の過酷な要求を、石野さんが意地になって実現する。その過程で、石野さんが開発にかかわっているアンテナハウスのフォーマッターそのものの仕様が変更され実装される。この文書の出力そのものが製品開発のためのいわばベンチマークとして用いられる。なかでも、第2版で追加された重要な項目の一つでもある、図表の配置には、小林先生も石野さんもかなりの労力を費やした。

小林先生は、まずは個々の図表類をすべて書籍版のために高精度のものに修正した。そのうえで、石野さんがフォーマッターを用いて図表類を適切な位置に配置していく。組版システムにかかわった方なら容易に想像がつくと思うが、本書が求めるレベルでの図表の配置を改ページを考慮しながら適切に行なうことは、自動ではほとんど不可能なことだ。システムの能力を最大限に利用しながら、最終的には人的な微調整が必須のこととなる。二人は壮絶なせめぎ合いを繰り返しながら、そんな作業を進めていったのだった。

もう一つのバトル——それは索引。何といってもウェブ版の利点は、その検索の利便性にある。ぼくも英訳を行なう際、同じ語彙、似たようなフレーズを参照するために、ブラウザの検索機能をおおいに活用した。一方、書籍版の使い勝手の善し悪しは、索引のつくり方によって大きく左右される。当然、ウェブ版とは異なり、網羅的な索引を付与することは現実問題として不可能だし、そもそもあまり意味がない。それに対して、厳選された語彙と適切な参照箇所をもつ索引は、それ自体が一つの明確な意図をもった作品となりうる。小林先生のこだわりは、この索引づくりにも十全に発揮された。委曲を尽くして過不足ないキーワードにマーキングを行ない、それを石野さんがこちらはいとも簡単に自動生成処理してくれた。

――二〇一四年一〇月一日。コロンボ、スリランカ。

ISO/IEC JTC1/SC2の会議で、コロンボに来ている。ツイッター上の神崎正英さんのつぶやきで、下記のサイトのことを知った。

https://www.w3.org/International/wiki/Improving_typography_on_the_Web_and_in_eBooks

そこに、下記のような記述がある（［　］内は筆者による試訳）。

The flagship document is Requirements for Japanese Text Layout. The information in this document has been widely used, and the process used for creating it was extremely effective. It was developed in Japan, by a task force using mailing lists and holding meetings in Japanese, then converted to English for review. It was published in both languages.

［旗艦となる文書は、「日本語組版処理の要件」だ。この文書の情報はすでに広く用いられており、この

文書をつくり出す過程で用いられた手順は優れて効果的だ。この文書は、日本のタスクフォースで、日本語によるメーリングリストを用い、日本語によるミーティングを重ねて開発され、引き続きレビューに供するために英訳された。そのうえで、両言語で発行された。」

震えるほどの喜びを感じる。喜びをリチャード・イシダにメールで伝えたら、次のような返事が返ってきた。

Hi Tatsuo-san,
Ohisashiburi desu!
Yes, JLreq has been used in many, many places and has made a big difference. Once again, very many thanks for all your hard work to make it happen, and setting such a great example for others to follow!

I'm quite excited about the idea of Tibetan, Mongolian and Uighur layout requirements (not forgetting the Chinese Simplified+Traditional effort that is already under way). I hope the Beijing W3C host is able to push all the right buttons to get the needed experts working together on the task force. There was certainly a lot of enthusiasm expressed during the workshop we held in Beijing a couple of weeks ago, with representatives of those script communities in attendance.

Cheers,
ri.

ぼくたちの活動の成果が確実に広がりを持ちはじめている。二〇〇五年のベルリンでのエリカやフェリックスとの出会いが、今、世界のさまざまな言語文化の場で大きく花開こうとしている。村田真は、日本語はマイナー言語のチャンピオンだと言った。おそらく、日本語が、英語や中国語、スペイン語のように、多くの人びとに日常的に使われ、国際的なコミュニケーションの場で主役を演じるようになることは、未来永劫ないだろう。しかし、ぼくたちは、母語として日本語を習得し、自分の心情を吐露するときに最も親しみのもてる言語手段として日本語を用いている。母語という言葉は通常、話し言葉を対象として用いられる。しかし、技術的手段が広がり、デジタル技術によるコミュニケーションが必要不可欠となった現在、自分たちの母語をデジタルな文字として書き記す手立てをもつことは、数多《あまた》の人びとにとっての、基本的権利の一つといっても過言ではないように思われる。たとえ、その言葉を使う人たちの絶対数がとても少ないとしても。リチャードをはじめとするＷ３Ｃのメンバーもまた、同じ思いを持っているにちがいない。多くの人たちが、地球を覆い尽くすデジタルコミュニケーション空間の中で、みずからの思いをみずからの母語を用いて自由に書き記せるようになることをめざして、リチャードたちは今日も奮闘しており、その輪が確実にさまざまな言語文化に広がりはじめている。

JLreqが、このような動きの始まりに位置していることを、ぼくは心の底から誇らしく思う。

二〇一五年一二月六日現在、W3C Internationalization Activityの〝Layout & typography〟のページ（http://www.w3.org/International/layout）には、以下の八つの言語または書記系に関するタスクフォースの活動が掲載されている（［　］内は筆者による試訳）。

●Layout & typography［レイアウトとタイポグラフィー］

The W3C needs to make sure that the text layout and typographic needs of scripts and languages around the world are built in to technologies such as HTML, CSS, SVG, etc. so that Web pages and eBooks can look and behave as people expect around the world.

［W3Cは、HTMLやCSS、SVGなどの技術に組み込み、ウェブページや電書書籍が世界中の人びとの期待に添えるような視覚表現と振る舞いを実現するため、世界中のスクリプトと言語のテキストレイアウトとタイポグラフィーに関するニーズを把握することを必要としています。］

To that end we have experts in various parts of the world documenting layout and typographic requirements, and gaps between what is needed and what is currently supported in browsers and ebook readers.

［この目的のため、わたしたちは世界中のさまざまな地域の専門家を糾合して、組版とタイポグラフィーの要件と、必要とされている事柄と現時点でブラウザーや電子書籍リーダーでサポートされている事柄

の差異を文書化しています。]

To support local relevance of Web pages and eBook formats we need more local experts to participate in gathering information in these task forces, to review the task force outputs, and to lobby or support via coding the implementation of features in browsers and ereaders. If you are one of these people, or know some, please get in touch!
[ウェブページや電子書籍フォーマットの地域ごとに異なる要求事項を適切にサポートするため、わたしたちは、タスクフォースに参加して情報を収集したり、タスクフォースの成果をレビューしたり、また、ロビー活動やブラウザー、電子書籍リーダーへの実装を通して貢献する、より多くの各地域のエキスパートを必要としています。あなたがそのような人たちだったり、そのような人たちをご存じなら、ぜひとも連絡ください。]

● Layout requirements documents [組版処理の要件にかかわる文書群]
These documents are being developed by task forces composed largely of users of a given script, and often by groups working in a language written in that script. The aim of these requirements documents is to describe how the script works, and the conventions for its use to represent native content. These documents do not describe solutions or gaps for a particular technology? that is done elsewhere. In this way the documents remain fully relevant for a wide range of technologies.

［下記の文書の大半は、おもに対象となるスクリプトのユーザーのグループによって、対象となるスクリプトを用いた言語で開発されています。これらの要件文書の目的は、スクリプトのはたらき方と、そのスクリプトを用いる複数の言語で言い表したい事柄を表現するための慣習を、記述することにあります。これらの文書の目的は、解決策を記述することでも、特定の技術での問題点を記述することでもありません。そのようなことは、どこか別のところで行なわれます。目的を限定することで、これらの文書はさまざまなテクノロジーに幅広く適応することが可能となります。］

Requirements for Japanese Text Layout（日本語組版処理の要件）was the flagship in the development of requirements describing script use and layout. The information in this document has been widely used, and the process used for creating it was extremely effective. It was developed in Japan, by a task force using mailing lists and holding meetings in japanese, then converted to english for review. It was published in both languages. The Japanese Layout Task Force is no longer active, although the authors are still present on i18n Activity mailing lists.

［「日本語組版処理の要件」は、さまざまなスクリプトにおける組版処理の要件を記述する文書を開発するうえでの、旗艦（先頭を切って規範を示す）の役割を果たしました。ここに記載された情報はすでに広い範囲で用いられており、この文書を開発する際に用いられた手法はとても有効でした。この文書は、日本のタスクフォースにより、日本語によるメーリングリストを用い、ミーティングも日本語で行なわれました。その後、レビューのために英語に翻訳され、英語と日本語、両言語で発行されました。タス

クフォースとしての活動はすでに終了していますが、著者たちは依然として i18n のメーリングリストに残っています。」

Requirements for Hangul Text Layout and Typography（한국어 텍스트 레이아웃 및 타이포그래피를 위한 요구사항）provides requirements for handling the main Korean script. This document was developed by a group in Korea.

［「ハングル組版とタイポグラフィーの要件」は、韓国語の主たるスクリプトの扱いについての要件を提供しています。この文書は、韓国のグループによって開発されました。」

Requirements for Chinese Text Layout（中文排版需求）follows the lead of the Japanese and Korean documents. The document describes the needs of both Simplified and Traditional Chinese. It is hoped that this work will lead to similar documents about the Mongolian and Tibetan（see below）scripts, as well as the Arabic script as used for Uighur.

［「中国語組版の要件」が、日本語と韓国語の文書に続きます。この文書は、簡体字を用いた中国語と繁体字を用いた中国語の双方についての要件を記述しています。この文書に引き続き、同じタスクフォースによって、モンゴル語、チベット語（後述）およびウイグル語に用いられるアラビア文字についての同様な文書が計画されています。」

Indic Layout Requirements sets out to document the requirements of the major scripts in India. Currently coverage is limited to Devanagari (used for languages such as Hindi and Marathi), but material should soon be available for Bengali, Punjabi, Tamil and Telugu scripts.

〔「インドの主要なスクリプトを用いた言語群の組版要件」は、現状ではデヴァナガリ（ヒンディ語、マラティ語などに使用）に限られています。しかし、まもなく、ベンガリ、パンジャビとテルグーの各スクリプトに関する情報が提供される予定となっています。〕

Requirements for Tibetan Text Layout and Typography is still in the planning stage, and we are looking for experts to contribute to the work of developing the document. The Tibetan document is being developed by the Chinese Layout Task Force, since they have a strong interest in realising Tibetan requirements, but participation should reflect the needs of all communities using the Tibetan script.

〔「チベット語組版とタイポグラフィーの要件」は、まだ計画段階です。この文書の開発に参画してくれる専門家を募集中です。チベット語に関する文書は、現在、中国語組版タスクフォースによって開発が進められています。このタスクフォースは、チベット語の組版要件を理解することに強い関心を抱いています。しかし、チベット語を母語とする専門家の参画によって、チベット文字を用いるすべてのコミュニティの必要性をより幅広く反映できることでしょう。〕

Requirements for Latin Text Layout and Pagination are being developed by the Digital Publishing Interest Group. They aim to represent the requirements of the many languages using the Latin script.
[「ラテンテキストの組版とページ組版の要件」は現在、デジタル出版インタレストグループによって開発されています。このグループの目的は、ラテン文字を用いる多くの言語の要件を吸い上げることにあります。]

Arabic Layout Requirements will hopefully be available soon. We are in the process of setting up the group and recruiting participants. Many languages are written using the Arabic script. The initial focus of the document will be for writing Standard Arabic and Persian.
[「アラビア文字組版の要件」も計画されています。現在、グループを立ち上げる過程にあり、メンバーを募集しています。アラビア文字で記述される言語はたくさんあります。当初は、標準的なアラビア語とペルシャ語から始めます。]

Ethiopic Layout Requirements will also hopefully become available soon. We are in the process of setting up the group and recruiting participants. The initial focus of the document will be for writing Amharic and Tigrinya.
[「エチオピア文字組版の要件」も計画されています。こちらも、グループを立ち上げる過程にあり、メンバーを募集しています。最初に手を付ける言語は、アムハラ語とティグリニャ語です。]

第4章　書物の未来へ

1　中野幹隆さんの死

――二〇〇七年一月一四日。ぼくの携帯電話。

「中野幹隆さんが亡くなりました」

訃報は携帯電話の向こうから、西田裕一さんによってもたらされた。

そのとき、ぼくは、矢野直明さん、安斎利洋さん、中村理恵子さん、大場みち子さん、山口琢さん、歌田明弘さんらと、戸塚駅近くにある日立製作所の従業員用施設、水無月荘で、新年会のような催しをして、安くて旨いすき焼きをたらふく食って、とてもいい気分で戸塚駅のほうに向かっていた。皆との楽しい語らいは、まだ続いていた。

ぼくの顔が泣き出しそうだった、と後に安斎さんが言った。安斎さんも中村さんも歌田さんも、中野さん、西田さんとは旧知の仲だった。中野さんは、ぼくにとって唯一無二の編集者としての師だった。初めて会ったときから、三〇年以上ずうっと。

中野さんに初めて会ったときのことを、ぼくは鮮明に覚えている。駒場の大学裏の喫茶店の二階。テーブルの上に『エピステーメー創刊ゼロ号』を置いて中野さんを待った。中野さんは、三つ揃いのスーツにやや派手な臙脂色のネクタイを身につけて現れた。そのときから、ちょっと汗っかきで、柄物のハンカチーフで汗を拭き、扇子で顔に風を送っていた。

ぼくは、大学院の入試に落ち、都合二度目の留年をして学部にとどまっていたけれど、アカデミズムへの道を邁進するだけの覚悟はまだできていなかった。それよりも、まなじりを決して研究に没頭する学友や先輩たちの姿に気圧されて、少し気持ちがぐらついてもいた。結婚も考えはじめていた。父からは、結婚するなら自分で稼ぐようになってからにしろ、などとも言われていた。大学を離れて、就職することを考えはじめていた。

そんなときに、『エピステーメー創刊ゼロ号』に出合った。指導教官だった伊東俊太郎先生が執筆していたこともあって、中野さんへの仲介をお願いした。おずおずと『エピステーメー』の編集をお手伝いしたい旨を申し出た学生を、中野さんはほとんど何の躊躇もなく受け入れてくださった。

「社長と会ってください」

版元である朝日出版社の社長も、

「大歓迎ですよ。でも、中小は給与が安いので、後で後悔されても困るので、一応、大手出版社の入社試験も受けて、落ちてきてください」

と言ってくれた。結果、ぼくは朝日出版社ではなく小学館に入社し、学年別学習雑誌の編集部で編集

者としての第一歩を踏み出すことになった。入社直後、中野さんが、

「編集者になったお祝いをしましょう」

と言って、神保町のビアホール、ランチョンに誘ってくれた。ぼくはランチョンの場所を知らなかった。

「え、ランチョンをご存じないのですか？　編集者としてはモグリですね」

ランチョンで、中野さんは、

「木曜日の午後、ランチョンに来たときは、この席は空けておかなければなりません。吉田健一先生が座られますから」

こうしてぼくは、中野さんから「神田村」で編集者として暮らす作法を一つ一つ学びはじめたのだった。爾来、勤務先が小学館からジャストシステムに変わってからも、ジャストシステムを退社してインディペンデントとして活動するようになってからも、中野さんとの交流は続いた。『季刊哲学』の一冊を、まるごと聖書の電子化の問題に充ててもらったのは、ぼくにとってかけがえのない勲章となった。第1章で記した「大地」で制作した『普遍論争』に小さく刻んだ「スコレックス」という銘が、のちに設立するぼくの個人会社の源流となったことはすでに書いた。

前年の賀状で、からだの具合がよろしくないといったことを知り、心の隅に引っかかるものが残っていた。そんな折の訃報だった。ぼくは、中野さんへのこのような思いを、自分のブログに書き留めた。それが、『新潮』編集長の矢野優さんの眼に触れて、二〇〇七年五月号にささやかな追悼の文を寄稿することになった。

●中野幹隆の死：またはグーテンベルク銀河系の黄昏

中野幹隆さんが死んだ。偉大な小宇宙の消滅とともに、グーテンベルクの銀河系は、また一歩終焉に近づいた。そして、ぼくは編集という営為における唯一無二の師を失った。

編集者としての中野さんについて多くを語る必要はない。彼が創刊編集長として係わった「現代思想」「エピステーメー」「季刊哲学」の目次と、制作した膨大な書物の一覧が、自ずからその全貌を顕わにしているのだから。

中野さんは、書物の世界に沈潜しながら、一方で、その未来への暗い予感から目をそらすことなく、書物が担ってきた知の地平を、書物の時代が終焉した後の世界に伝える試みを続けていた。命を削りながら。

手元に中野さんが手がけた『季刊哲学12　特集＝電子聖書　テキストの新スペキエス』がある。一九九一年一〇月一〇日の発行。

あのころ、ぼくは勤めていた出版社をやめ、全く畑違いのソフトウェア開発販売会社に転じたばかりだった。勃興しつつあったデジタル革命が、人類の文化にとってグーテンベルク革命に匹敵するとてつもなく大きな地殻変動をもたらすだろう、という熱にうかされたような予感があった。

ハイパーカードというマッキントッシュ用の簡易型ハイパーテキストシステムがようやく普及

の兆しを見せ始め、ハイパーテキストという言葉が一部の人々の間でも話題になり始めたころだった。ＨＴＭＬもワールドワイドウェッブも、まだ、インターネットの海に解き放たれてはいなかった。

マックを持っていなかったぼくは、ハイパーテキストによってもたらされる世界については、いくつかの書籍や雑誌の記事などから夢想する以外に方法はなかった。一方で、学生時代に新約聖書学の荒井献の謦咳に接したこともあって、特に共観福音書とよばれるマタイ、マルコ、ルカの三福音書の関係に関心があった。

ある時、聖書を眺めていて、突如思いついた。

「共観福音書はハイパーテキストではないか」

大げさではなく、神の啓示だと思った。

共観福音書には互いに似たような記述が多くある。それらはつとに知られており、平行する個所を横並びに編集して一覧できるようにする努力は、手書き写本のころから行われていた。そして、聖書学研究の多くの部分が、平行個所の引用関係を精緻に分析することによって三福音書の成立過程を解き明かすことに捧げられてきた。

この二千年来の成果をそのまま電子化すれば、きれいなハイパーテキストになる。平行個所を瞬時に移動しながら、共観福音書を立体的に読むことができる。

ぼくは、このアイディアを中野さんに話した。中野さんは、なんの躊躇もなしに、

「やりましょう」

と言った。それどころか、中野さんはこの小さなアイディアを、単なる福音書のハイパーテキスト化としてだけではなく、解体され、そして再び編まれるべきテキストとしての聖書（＝書物）についての広汎な議論の場へとぐいぐいと拡げていった。

実際には、ことはそれほど容易ではなかった。そもそも、書籍と一緒に配布できるようなハイパーテキストのシステムは当時ほとんど存在していなかった。聖書の電子テキストそれ自体を雑誌に添付するという発想も皆無だった。しかし、小さな偶然が重なった。中野さんは、偶然の一つ一つを、丁寧にそして力強く引き寄せていった。畏友安斎利洋との共著を出版してくれたＪＩＣＣ出版局（今の宝島社）が、そのころ唯一ＭＳ-ＤＯＳ上で動いていたハイパーテキストシステムを提供してくれた。聖スルピス大神学校のイェール神父と名古屋の篤志家近藤司朗氏が、いくつかあった新共同訳聖書の電子化テキストの校合データを提供してくれた。そして、荒井献を筆頭に、白柳誠一大司教から黒崎政男に至る綺羅星のような執筆者。

皮肉なことに、ぼくが作ったハイパーバイブルは、『季刊哲学』そのものに含まれることはなかった。日本聖書協会が主張する翻訳著作権が障壁となった。大仰な契約書の提出を読者に強い、それを返送した読者にのみ有償でフロッピーディスクを頒布することになった。

それでも、『季刊哲学』に添付したフロッピーディスクで、荒井献の東京大学における最終講義と若桑みどりのシスティナ礼拝堂の壁画をめぐる図像学の論文とを、ハイパーテキストとして解体し、ハイパーリンクによって異なる視点から再構築する実験を行うことが出来た。

荒井献のマルコ福音書最終章をめぐる議論からは、そこに引用された研究者ごとに排列されたリンクをたどることにより、それぞれの研究者の立場が、荒井献の文脈の下から鮮明に浮かび上る。

若桑みどりの論文に添付された図版は、フロッピーディスクにもデータとして収録され、ミケランジェロ当時現存したモデルと聖書世界の人物の双方から張られたリンクにより、その重層構造が浮かび上がる。

翻訳掲載されたトマス・アクイナスとボナヴェントゥラのテキストからは、埋め込まれた外部リンクにより、『季刊哲学』からは欠落したハイパーバイブルに到達することが出来る。

一冊にとじられた書物が、添付のフロッピーディスクを通して、時空を越えた広大な知の網目と切り結ぶ。

ぼくは、電子テキストの問題を考えるとき、いつも、この中野さんとの共同作業と、その後も続いた書物の未来をめぐる議論を思い起こす。今に至るまで、巷間なされる議論で、中野さんとの議論を越えるものに出会えることは、きわめてまれなことだ。そして、残念なことに、書物の未来に対する中野さんの絶望的な予感は、少しずつだが確実に現実のものとなっている。

中野さんの死とともに、ある時代が終焉した。中野さんが生涯を賭した書物＝テクストの解体と再生の試みを、どのような形で未来につなげていくか。ぼくたちは、中野さんから重い課題を受け継いでいる。

中野さんと「電子聖書」をつくったころは、聖書学だけではなく、哲学や文学などの人文科学系の分野でも、コンピューターを用いた研究の黎明期だった。そうしたなかで、データベースと並んで時代のバズワードになっていたのが、ハイパーテキストだった。テッド・ネルソンやヴァネヴァー・ブッシュなどの先駆者の仕事が熱い言葉で紹介され、ありとあらゆるテキストが引用と参照の連鎖として地球と人類の文化の歴史を覆い尽くす姿が、ある種のユートピアとして思い描かれていた。中野さんとの「電子聖書」の仕事は、まさにそのような熱気のただ中でなされていた（図4・1）。しかし、中野さんと語り合う未来への夢は、今までの書物の在り方の暗い未来と表裏をなしていた。書物の未来について語る中野さんの言葉には、まさに鬼気迫るものがあった。

2　藪の中または平行物語論へ

中野さんと『季刊哲学』で電子聖書の制作を試みてから後も、ぼくはハイパーテキストという言葉がずっと心に引っかかっていた。情報技術の発展は目を見張るものがあり、ぼくたちの電子聖書の試みから時を経ずして、日本でもインターネットとウェブの急速な普及が実現した。ＨＴＭＬのリンク構造は、Hypertext Markup Language の名のとおりハイパーテキストそのものであり、まさにインターネット上の膨大なＨＴＭＬテキストの網の目そのものが巨大なハイパーテキストを構成している、といった様相を呈するようになった。地球という星が、サイバースペースという名のハイパーテキストに覆い尽くされてしまった、といっても過言ではないような状態。

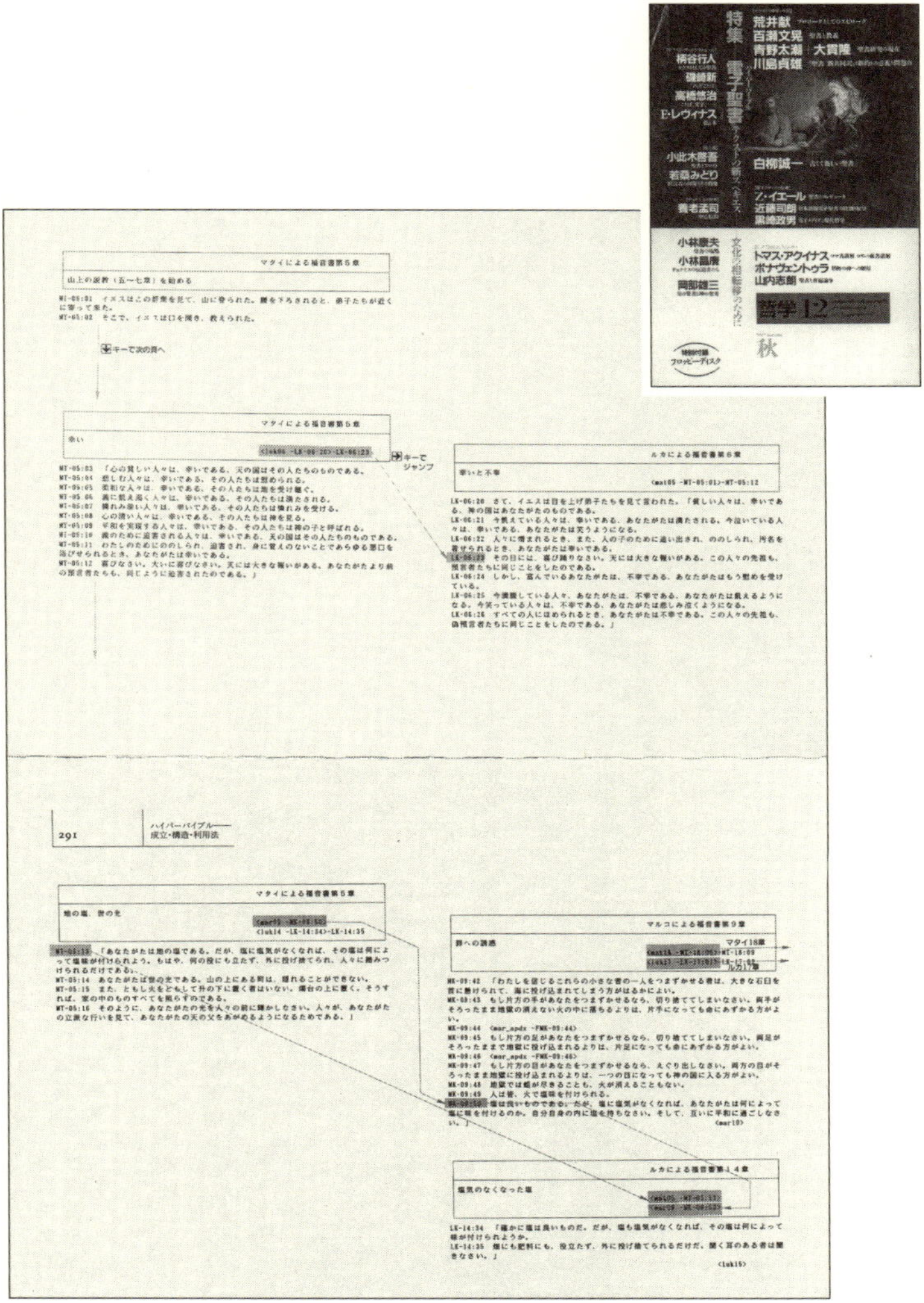
特集
電子聖書
哲学12
秋
マタイによる福音書第5章
山上の説教（五〜七章）を始める
キーで次の頁へ
幸い
キーでジャンプ
ルカによる福音書第6章
幸いと不幸
ハイパーバイブル——成立・構造・利用法
地の塩、世の光
マルコによる福音書第9章
罪への誘惑
ルカによる福音書第14章
塩気のなくなった塩

図 4.1 「電子聖書」

ハイパーテキスト構造を支える技術的基盤は、あれよあれよという間に実現した。しかし、何かがちがう。中野さんとともに夢想していた未来の書物としてのハイパーテキストは、このようなものではなかった。中野さんが命を切り刻むようにして制作しつづけた書物たちの先にありうべき、もう一つの書物の姿は、けっしてこのようなものではなかったにちがいない。

では、未来の書物の姿とは、どのようなものであるべきなのだろう。ぼくの電子聖書の提案に対して、即座に「やりましょう」と言ってくれた先に、中野さんが視ていた世界はどのようなものだったのか。このことがずっと気になっていた。今でも。符号化文字集合やら電子書籍やらの仕事をしながら、間歇的にハイパーテキストへの関心が頭をもたげてくる。

たぶん、二〇〇二年か、二〇〇三年のこと。

そのころ、ヒデキこと樋浦秀樹は、お茶の水セントヒルズというホテルを来日したときの定宿にしていた。こぢんまりとしたビジネスホテルだが、秋葉原にも近く、居心地がよく、従業員の対応もよかった。なにより、比較的安価だった。しばしば来日する機会のあったヒデキは、出張先で使う機材やら日用品やらを入れた大きなトランクを一つ、死ぬまでこのホテルのフロントに預けっぱなしにしていた。ヒデキが来日すると、時にぼくも同じホテルに泊まり、さまざまな話をした。場所がベイエリアから秋葉原に変わっても、ぼくたちの話は以前と同じように楽しくとどまるところがなかった。

そんなある日、セントヒルズのロビーで檜山正幸さんがヒデキに、彼が温めつづけていたXMLを用いた「ドキュメント環境」のプロトタイプを見せた。ぼくもその場にいた。しかし、酔っ払ってしまって、半分眠っていた。これが、ヒデキとxfy《エックスファイ》との最初の出合いだった。その後、檜山さんもヒデキも、この xfy を核とする大きな渦の激流に巻き込まれ翻弄されていく。

それまで、檜山さんがジャストシステムのごく少数の若手エンジニアとプロトタイピングを行なっていた仮称「キメラ」は、このころから浮川初子専務直々の指揮の下、ジャストシステムの次代を担うコアアーキテクチャとしての xfy へと大きく変貌していく。

二〇〇四年になって、日本電子工業振興協会（電子協、ＪＥＩＤＡ）の電子化文書動向調査委員会を通して知り合い、ぼくの一番弟子を自称するようになった山口琢さんが、浮川和宣社長に乞われて日立製作所を退社し、ジャストシステムに入社してきた。山口さんは、当初与えられた職務を放り出して、みずから xfy 環境を用いた実用的なプロダクトになりうる芽を見つけだす仕事に突入してきた。山口さんは、xfy を用いて、ものを読み、考え、書くための「環境」をつくり出すことを考えていた。山口さんにプロトタイプを見せられ、ぼくのハイパーテキストへの渇望が蘇った――これ、このままで、電子聖書に使える！

ぼくは、ハードディスクの中から、昔の聖書の電子化テキストを引っ張り出し、ＸＨＴＭＬで書き直してみた。山口さんの手にかかると、いとも簡単に xfy の上で電子聖書が蘇った（図４・２）。ぼくたちは、この成果を情報処理学会のデジタルドキュメント研究会（通称ＤＤ研。現在はドキュメントコミュニケーション研究会と改称）で発表することにした。xfy にとっても、いい宣伝材料になるだろう。しかし、情報処理学会の研究会で聖書の話というのも、いかにも抹香臭い。そこで、ぼくたちが思いついたもう一つの素材が、芥川龍之介の『藪の中』だった。これがビンゴだった。山口さんは、青空文庫から落としてきた『藪の中』のテキストを、三人の話者（多襄丸、女、死霊）それぞれの語

マタイによる福音書	マルコによる福音書	ルカによる福音書
<div class="article" title="No174 ペトロの否み"> <a href = "mark-14.html#14:66">マルコによる福音書 14 章 66 節～72 節</a> <a href = "luke-22.html#22:56">ルカによる福音書 22 章 56 節～62 節</a> <a name="26:69">26:69</a> ペトロは外にいて中庭に座っていた。そこへ一人の女中が近寄って来て、「あなたもガリラヤのイエスと一緒にいた」と言った。 <a name="26:70">26:70</a> ペトロは皆の前でそれを打ち消して、「何のことを言っているのか、わたしには分からない」と言った。 <a name="26:71">26:71</a> ペトロが門の方に行くと、ほかの女中が彼に目を留め、居合わせた人々に、「この人はナザレのイエスと一緒にいました」と言った。 <a name="26:72">26:72</a> そこで、ペトロは再び、「そんな人は知らない」と誓って打ち消した。 <a name="26:73">26:73</a> しばらくして、そこにいた人々が近寄って来てペトロに言った。「確かに、お前もあの連中の仲間だ。言葉遣いでそれが分かる。」 <a name="26:74">26:74</a> そのとき、ペトロは呪いの言葉さえ口にしながら、「そんな人は知らない」と誓い始めた。するとすぐ、鶏が鳴いた。 <a name="26:75">26:75</a> ペトロは、「鶏が鳴く前に、あなたは三度わたしを知らないと言うだろう」と言われたイエスの言葉を思い出した。そして外に出て、激しく泣いた。 </div>	<div class = "article" title = "No174 ペトロの否み"> <a href = "matthew-26.html#26:75">マタイによる福音書 26 章 69 節～75 節</a> <a href = "luke-22.html#22:56">ルカによる福音書 22 章 56 節～62 節</a> <a name="14:66">14:66<a/> ペトロが下の中庭にいたとき、大祭司に仕える女中の一人が来て、 <a name="14:67">14:67<a/> ペトロが火にあたっているのを目にすると、じっと見つめて言った。「あなたも、あのナザレのイエスと一緒にいた。」 <a name="14:68">14:68<a/> しかし、ペトロは打ち消して、「あなたが何のことを言っているのか、わたしには分からないし、見当もつかない」と言った。そして、出口の方へ出て行くと、鶏が鳴いた。 <a name="14:69">14:69<a/> 女中はペトロを見て、周りの人々に、「この人は、あの人たちの仲間です」とまた言いだした。 <a name="14:70">14:70<a/> ペトロは、再び打ち消した。しばらくして、今度は、居合わせた人々がペトロに言った。「確かに、お前はあの連中の仲間だ。ガリラヤの者だから。」 <a name="14:71">14:71<a/> すると、ペトロは呪いの言葉さえ口にしながら、「あなたがたの言っているそんな人は知らない」と誓い始めた。 <a name="14:72">14:72<a/> するとすぐ、鶏が再び鳴いた。ペトロは、「鶏が二度鳴く前に、あなたは三度わたしを知らないと言うだろう」とイエスが言われた言葉を思い出して、いきなり泣きだした。 </div>	<div class = "article" title = "No174 ペトロの否み"> <a href = "mark-14.html#14:66">マルコによる福音書 14 章 66 節～72 節</a> <a href = "matthew-26.html#26:75">マタイによる福音書 26 章 69 節～75 節</a> <a name="22:56">22:56</a> すると ある女中が、ペトロがたき火に照らされて座っているのを目にして、じっと見つめ、「この人も一緒にいました」と言った。 <a name="22:57">22:57</a> しかし、ペトロはそれを打ち消して、「わたしはあの人を知らない」と言った。 <a name="22:58">22:58</a> 少したってから、ほかの人がペトロを見て、「お前もあの連中の仲間だ」と言うと、ペトロは、「いや、そうではない」と言った。 <a name="22:59">22:59</a> 一時間ほどたつと、また別の人が、「確かにこの人も一緒だった。ガリラヤの者だから」と言い張った。 <a name="22:60">22:60</a> だが、ペトロは、「あなたの言うことは分からない」と言った。まだこう言い終わらないうちに、突然鶏が鳴いた。 <a name="22:61">22:61</a> 主は振り向いてペトロを見つめられた。ペトロは、「今日、鶏が鳴く前に、あなたは三度わたしを知らないと言うだろう」と言われた主の言葉を思い出した。 <a name="22:62">22:62</a> そして外に出て、激しく泣いた。 </div>

図 4.2　XHTML で書き直した「電子聖書」

りに分割し、関連すると思われる部分をマトリックス上に配置した（図4・3）。

そこからは、ぼくたち（文学研究という分野にはまったくの素人）が思いも寄らない世界が見えてきた。すなわち、三人の話者の物語がまさに藪の中のように分岐するのは、三人がそれぞれに視線を交わし、それぞれが相手の視線の意味を誤解したことがきっかけとなる、ということ。

多襄丸　その一瞬の、燃えるような瞳を見ないからです。わたしは女と眼をあわせた時、たとい神鳴に打ち殺されても、この女を妻にしたいと思いました。

多襄丸	女	死霊
男の命は取らずとも、－－そうです。わたしはその上にも、男を殺すつもりはなかったのです。所が泣き伏した女を後（あと）に、藪の外へ逃げようとすると、女は突然わたしの腕へ、気違いのように縋（すが）りつきました。しかも切れ切れに叫ぶのを聞けば、あなたが死ぬか夫が死ぬか、どちらか一人死んでくれ、二人の男に恥（はじ）を見せるのは、死ぬよりもつらいと云うのです。いや、その内どちらにしろ、生き残った男につれ添いたい、－－そうも喘（あえ）ぎ喘ぎ云うのです。わたしはその時猛然と、男を殺したい気になりました。（陰鬱なる興奮） こんな事を申し上げると、きっとわたしはあなた方より残酷（ざんこく）な人間に見えるでしょう。しかしそれはあなた方が、あの女の顔を見ないからです。	その紺（こん）の水干（すいかん）を着た男は、わたしを手ごめにしてしまうと、縛られた夫を眺めながら、嘲（あざけ）るように笑いました。夫はどんなに無念だったでしょう。が、いくら身悶（みもだ）えをしても、体中（からだじゅう）にかかった縄目（なわめ）は、一層ひしひしと食い入るだけです。わたしは思わず夫の側へ、転（ころ）ぶように走り寄りました。いえ、走り寄ろうとしたのです。しかし男は咄嗟（とっさ）の間（あいだ）に、わたしをそこへ蹴倒しました。ちょうどその途端（とたん）です。	盗人（ぬすびと）は妻を手ごめにすると、そこへ腰を下したまま、いろいろ妻を慰め出した。おれは勿論口は利（き）けない。体も杉の根に縛（しば）られている。
殊にその一瞬間の、燃えるような瞳（ひとみ）を見ないからです。わたしは女と眼を合せた時、たとい神鳴（かみなり）に打ち殺されても、この女を妻にしたいと思いました。	わたしは夫の眼の中に、何とも云いようのない輝きが、宿っているのを覚（さと）りました。何とも云いようのない、－－わたしはあの眼を思い出すと、今でも身震（みぶる）いが出ずにはいられません。口さえ一言（いちごん）も利（き）けない夫は、その刹那（せつな）の眼の中に、一切の心を伝えたのです。しかしそこに閃（ひらめ）いていたのは、怒りでもなければ悲しみでもない、－－ただわたしを蔑（さげす）んだ、冷たい光だったではありませんか？	が、おれはその間（あいだ）に、何度も妻へ目くばせをした。この男の云う事を真（ま）に受けるな、何を云っても嘘と思え、－－おれはそんな意味を伝えたいと思った。しかし妻は悄然（しょうぜん）と笹の落葉に坐ったなり、じっと膝へ目をやっている。
妻にしたい、－－わたしの念頭（ねんとう）にあったのは、ただこう云う一事だけです。これはあなた方の思うように、卑（いや）しい色欲ではありません。もしその時色欲のほかに、何も望みがなかったとすれば、わたしは女を蹴倒（けたお）しても、きっと逃げてしまったでしょう。男もそうすればわたしの太刀（たち）に、血を塗る事にはならなかったのです。が、薄暗い藪の中に、じっと女の顔を見た刹那（せつな）、わたしは男を殺さない限り、ここは去るまいと覚悟しました。	わたしは男に蹴られたよりも、その眼の色に打たれたように、我知らず何か叫んだぎり、とうとう気を失ってしまいました。	それがどうも盗人の言葉に、聞き入っているように見えるではないか？　おれは妬（ねたま）しさに身悶（みもだ）えをした。が、盗人はそれからそれへと、巧妙に話を進めている。一度でも肌身を汚したとなれば、夫との仲も折り合うまい。そんな夫に連れ添っているより、自分の妻になる気はないか？　自分はいとしいと思えばこそ、大それた真似も働いたのだ、－－盗人はとうとう大胆（だいたん）にも、そう云う話さえ持ち出した。 　盗人にこう云われると、妻はうっとりと顔を擡（もた）げた。おれはまだあの時ほど、美しい妻を見た事がない。しかしその美しい妻は、現在縛られたおれを前に、何と盗人に返事をしたか？　おれは中有（ちゅうう）に迷っていても、妻の返事を思い出すごとに、嗔恚（しんい）に燃えなかったためしはない。妻は確かにこう云った、－－「ではどこへでもつれて行って下さい。」（長き沈黙）

図 4.3 『藪の中』

女　そこに閃いていたのは、怒りでもなければ悲しみでもない、——ただわたしをさげすんだ、冷たい光だったのでありませんか？

死霊　おれはその間に、何度も妻へ目くばせをした。この男の云う事を真に受けるな。何を云っても嘘と思え。

それぞれがそれぞれの思惑をもって投げかけた視線を、受け取った側がこれまたそれぞれの思惑で誤解する。そして、そこから、それぞれなりに都合のよい自分の物語が枝分かれして広がっていく。DD研での報告はそれなりにいい反応を得たが、それはあくまでもxfyについてであったり、山口さんの「環境」についてであったり、あくまでも技術的側面からのものにとどまった。ぼくには、この『藪の中』についての発見が、文学研究の側から見てもまんざら捨てたものでもないのではないか、という思いがあった。しかし、素人の悲しさ、文学研究の側からの評価については皆目見当もつかなかった。

つてを頼って、そのころフェリス女学院大学の学長だった芥川研究の第一人者、宮坂覺さんの前でプレゼンテーションを行なう機会を得た。宮坂さんの評価は、思いのほか高かった。「大学院ゼミでの発表程度はいっていますね」。へへへ。ぼくたちは図に乗って、宮坂さんが夏の集中講義を担当していた東海大学にまで出向いて、大学院の学生相手に話をしたりまでした。

この経験を通して、ぼくには一つ大きな確信が生まれた。このような、あるテキストをハイパーテキストとして分解し、異なる視点で並べ替えることは、テキストを読むという行為の本質的な特性と深くかかわっているのではないか。マタイやルカは、マルコ（と他のいくつかの資料）を読み、また口頭伝承などを織り込んで、それぞれの価値観や対象とする読者の価値観に基づいて、いわば換骨奪胎《かんこつだったい》してそれぞれの福音書を産み出していった。芥川は、その天与の才による直感によってか周到な準備を経た匠によってかは措くとして、一本に紡ぎ出された物語の中にさまざまな視点と読みの可能性を綯《な》いこんだ――読む行為とは、そして、書く行為とは、このように、さまざまに関連し錯綜する網の目、まさにハイパーテキストとしてのウェブから、一本の糸によって線形に並べられた連鎖をたぐり寄せていくことではないか。中野さんと夢想していた世界を覆い尽くすハイパーテキストの網の目とは、だれかによって一本の糸として読まれるためにあらかじめ編まれた世界としての書物ではなかったか。

xfyは、しかし、檜山さんの夢や浮川夫妻の大きな期待にもかかわらず、時代の流れのなかで奮闘むなしく消えていった。そして、ヒデキも。

山口さんは、夫人の大場みち子さんが教授として招聘されたことが機縁となって、今は公立はこだて未来大学で研究者としての道を模索している。開発環境がxfyから一般的なウェブアプリに変わったものの、やっていることは相変わらず、デジタル装置を用いて読み、そして、書く環境のあり得べき姿の模索だ。中野さんの衣鉢《いはつ》がこんなところにも受け継がれている。

3　ギロチンまたは書物の解体新書

二〇〇四年秋、ぼくは、大日本印刷がスポンサーとなって刊行されていた季刊『本とコンピュータ』終刊号のアンケートに対して、次のような回答を寄せた。いささか、ひねくれた答えではあるが、今でもそれほどまちがったことを書いたとは思っていない。

ぼくには、「コンピュータは本のために何ができたか?」という肯定的な（したがって否定的な含意も持つ）問いかけに答えることは出来ない。そこで問いかけを「コンピュータは本に何をしたか?」と置き換えた上で。

コンピュータが「本」に与えたさまざまな影響について突き詰めていくと、結局は、「コンピュータは『本』という概念そのものの変質もしくは解体を推し進める機能を果たした」というのがぼくなりの結論。もちろん、「本」はコンピュータが出現しなくても変質もしくは解体の道を歩んだかも知れないし、コンピュータの出現がなければ「本」はまだまだ旧来の姿を保っていたかも知れないが。

では、変質もしくは解体の道を歩みつつある「本」を「本」たらしめる最後のよりどころは何かはないか。

というと、それは、製本（bindingもしくはreliure）というきわめて物理的な手作業に係わるものではないか。

書物の本質が「製本」という物理的な営為と深くかかわっているのではないか、という思いを抱くようになったきっかけの一つは、電子書籍コンソーシアム時代に目にした鮮烈な光景にあることは疑いをえない。たぶん、そのころ『月刊アスキー』の記者をしていた西村賢さんからだったと思うが、電子書籍コンソーシアムと実証実験についての取材を受けたことがある。その折、西村さんを事務局とは別の建物にあった電子書籍制作の現場にも案内した。不徳の極みだが、そのときまでぼくは制作現場に足を踏み入れたことがなかった。

数人の作業者が、手分けをして、書籍の背の裁断、スキャナーによる読み取り、大型ディスプレイを用いた検品作業などを黙々と行なっていた。部屋の奥にはスチール製の本棚がずらっと並び、そこには裁断され電子化作業を終えた書籍が整然と収められていた。これらを目にした瞬間、ぼくはまさに雷に撃たれたようなショックを受けた。これらは、もはや書籍ではない。ここは書籍の墓場だ、と。

背を裁断され、一冊に綴じられた状態から解き放たれた書籍は、単なる表紙と一葉一葉の紙の集積物であり、もはや書籍とよべるような個物としての体をなしていなかった。ああ、書籍というものは、背を裁断した途端に書籍ではなくなるのだ。『本とコンピュータ』のアンケートに答えたとき、ぼくの脳裏にはそのときの光景がまざまざと浮かび上がっていた。

電子書籍コンソーシアムが行なったブックオンデマンドシステム総合実証実験は、当時の環境を勘案すると、技術的側面に限ってはあながち的外れなアプローチではなかった。なかでも、既存書籍のテキストデータ化に多大なコストをかけるのではなく、ある程度の大きさをもった高解像度のディスプレイを用いて画像としてデジタル化した書籍を読むというアプローチは、現在に至るまで、電子書籍（と既存書籍の個人によるデジタル化）のアプローチとして依然有効な手段として生きている。その証左ともいうべき現象が、いっとき電子書籍に関心をもつ層の耳目を集めた、いわゆる「自炊《じすい》」ブームだといってもいいだろう。また、東日本大震災の復興事業の一環と称して行なわれた「経済産業省コンテンツ緊急電子化事業」（いわゆる緊デジ）でも、対象となった書目の大半が同様の方法でイメージデータとして電子化されている。

ぼく自身は、自炊という言葉が定着するずっと以前、二〇〇六年ごろから自炊もどきを試みていた。当初は、ドキュメントフィーダー付きのスキャナーでスキャンした書籍を、手持ちのノートパソコンでディスプレイを九〇度横に向けて読んだりしていた。ぼくのなかでの技術的なブレークスルーは、iLiad《イリアッド》という電子書籍リーダーとともにやってきた。オランダのフィリップスをスピンオフしたメンバーが立ち上げた iRex《アイレックス》という会社が開発したものだった。MITのメディアラボが開発し、凸版印刷が量産化を手がけた eInk《イーインク》という電子ペーパーが使われていた。

ぼくは、インターネット経由でオランダから個人輸入して、しばらく自分でスキャンした書籍データのPDFリーダーとして使っていた。悪くなかったと思う。残念ながら、iRex は時代の流れに追従することができずに、はかなく命運を閉じることになったが、自炊したPDFデータは、アイパッドでの読書環境に移行した現在でもそのまま利用可能な状態になっている。

二〇〇六年末ごろ、安斎利洋さんに草原真知子さん、三宅芳雄さんらも加わって、mixi《ミクシー》上で、「自炊」(そのころ、ぼくたちはギロチンとよんでいた)をめぐる議論が盛り上がったことがある。今読み返してみても、今に続く問題圏は、この議論にほぼすべて出尽くしているように思われる(http://www.ebook2forum.com/2012/02/kobysh-blog-memoirs-in-digital-publishing-history-7-death-and-resurrection/;http://www.ebook2forum.com/2012/02/kobysh-blog-memoirs-in-digital-publishing-history-8-deconstructing-books-by-jisui/)。

きっかけは、ぼくが安斎さんにいくつかの本のURLを送ったことだった。最初は、本を非破壊の状態でスキャンすることに特化したスキャナー。本のノドをちょうど机の縁に置くように、九〇度に開いて載せてスキャンする。手間はかかるが、ノドの奥まで結構きれいにスキャンできる。次が、iRexのiLiad。そして、プラスの裁断機。最後が、キャノンのドキュメントフィーダー付きスキャナー。ぼくが送ったのは、本当にこれらのURLだけだった。それに対して安斎さんからは、まさに打てば響くような反応が返ってきた。

安斎利洋　しまった、ツボを押された。

小林龍生　ふふふ。

●本の死と復活

小林　今になって思い当たるのだけれど、ちょうど千年期の変わり目あたりに、ぼくは「電子書籍コンソーシアム」という怪しげな官民共同組織で事務局の技術責任者みたいなことをしていたわけだ。で、当時の月刊アスキーか何かの取材で、紙の本を電子化する現場に同行したことがある。そこで、大量の本の背が次々と裁断されるのを見た。たぶん、この時点でぼくの中の何かが毀れたのだと思う。本に対するある種の物神崇拝のような思いが。文字が書かれた紙を綴じるという営為は、グーテンベルクよりもずっと以前、おそらくは、人類が羊皮紙に文字を書き付けることを思いついたころから始まっていたと思うけれど、それとてもある種の文化依存的な営為だったわけだ。ぼくはそのような《本の文化》を支える《神》を殺した。綴じられた本を裁断するという行為は、そのような《神の死》の再現であり、スキャナーでひとまとまりのＰＤＦにするという行為は、新たな姿＝物理的な質量を持たない《神の復活》なのだろう。こうして、ぼくは、書物の神の《死と復活の儀式》を日々繰り返すことに、サディスティックな感覚とマゾヒスティックな感覚を綯い交ぜにしたえもいわれぬ快感を覚える。

安斎　ScanSnap を買った当初は、捨ててもいいような雑誌や論文集などを片っ端からやっつけていただけなんだけれど、だんだん大事な本にまで手を初め始めると、本の霊性とはなんだったのかという問題が立ちはだかってくる。それはまさに書物の脱構築ということなんでしょう。デジタル化された本は、百科事典のようにますますアクセスしやすくなるものもあるけれど、デジタル化したとたんに姿を消してしまう本もある。本というインターフェースは、電源もいらないし、パラレルだし、ぱらぱらめくりができる。しかも、本は触覚や嗅覚にも訴える。本は記憶の地図でもある。ギロチンにかけると失われるものが、面白い。

「ギロチン」をキーワードに、書物の脱構築を考えてみたいですね。

小林　書物にある種の《物神性》を認めるか、単なる《メディア＋情報コンテンツ》と考えるかは、それこそ共訳不可能(incommensurable)な価値観の違いでね。おそらく両派の間には、議論なんて成り立ちっこない。安斎さんにしても、二つの価値観の間で、自己が引き裂かれているに違いない。大げさに言えば、この《引き裂かれ感》は、精神分裂というか一つの小さな自己の崩壊なわけだ。

安斎　本に立ち上がるアウラに似たクオリアがあるのは確かなことで、もうひとつ確かなのは電子メディアは自覚しているよりずっと稚拙なレベルでしかないということ。本をギロチンにかけながらそこを考えぬく、という戦略に間違いはない

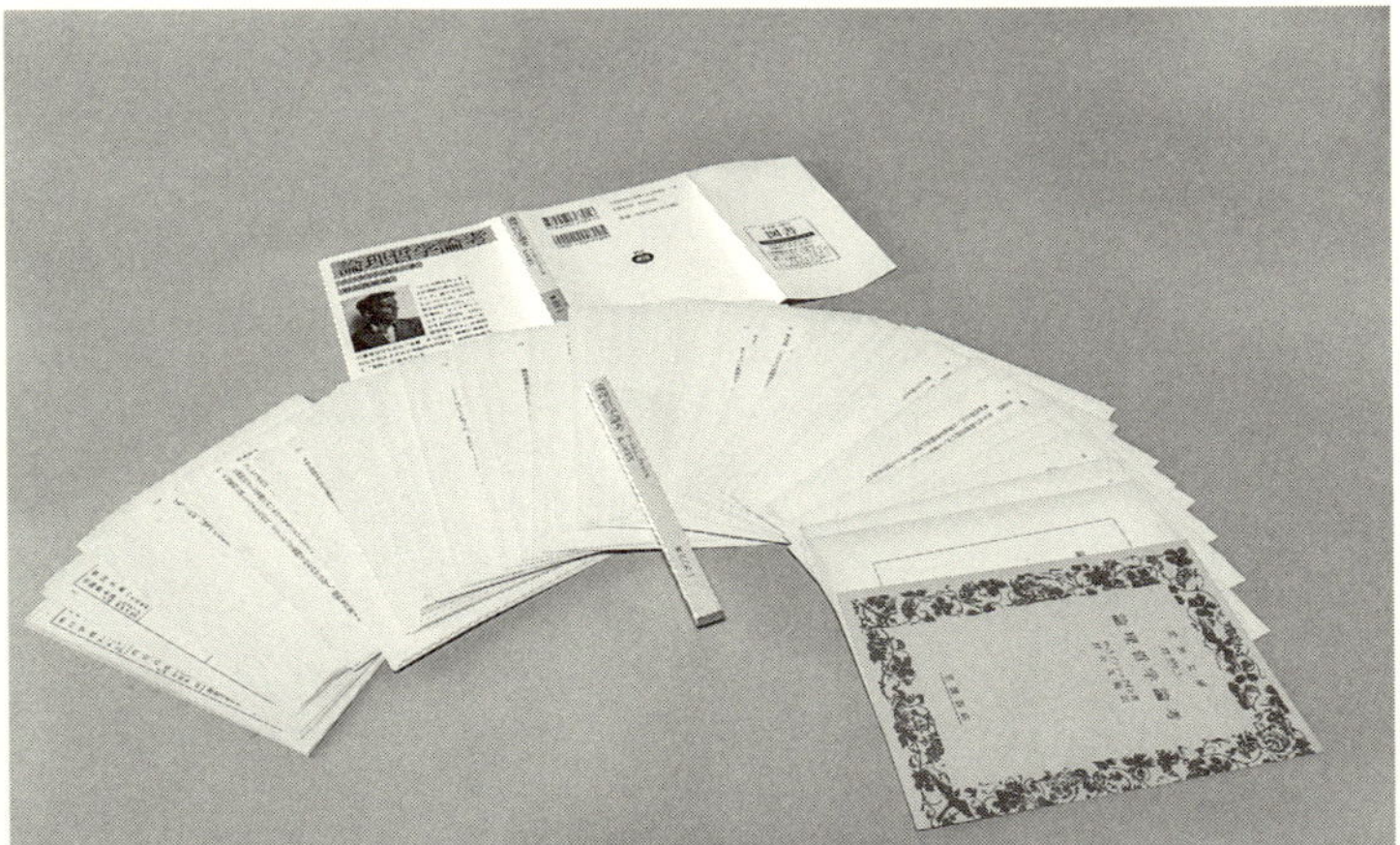

図 4.4　断裁された書籍

と思う。

小林　ちょっとした心境の変化があった。本は、保存するためにスキャンするのではなく、読むためにスキャンする、ということ。会議資料などは、圧倒的に保存するためにスキャンする気持ちが強いのだけれど、本については、まだまだ、保存のためにスキャンするという気持ちにはなりにくい。《読むのだ》《持ち歩いて読むために解体するのだ》という意識が、本の物理的解体への抵抗感を押しのける働きをする。

一線を越えたうえでの、思考実験。

・対価を払って買った書物の所有権は自分にある

・買った書物を足蹴にしようが解体しようが所有者の自由

・買った本のスキャニングは著作権法上の私的複製として正当な行為

・自分が所有する本をブックオフに売るのも正当な商行為

しからば、

・ブックオフに《解体済み書物コーナー》を設けたらどうか

・図書館にも《解体済み書物コーナー》と《スキャニングサービスコーナー》を設けたらどうか

安斎　僕はこの「ぎろちん本」システムはまったく合理的だと思うんだけれど、実際にやり始めたときに抵抗勢力が立ち上がるのは目に見えてますね。《解体済み書物》は、デジタルコンテンツと等価なのか、という議論になる。するとそもそも言語はデジタルだろう、ということになる。じゃ、なんでブックオフはOKで、レンタルソフトはダメなのか、ということになる。アポリアですね。

小林　「ギロチンオフ（R）」とかやっておいたら儲かるかなあ。インターネットで「本のギロチン断罪とスキャニングサービス」やるとか。

メンタルスタッフ（三宅芳雄さん）　一線を越えた…　凄いですねぇ。自分ではとてもやりそうにないのは、本に対する愛着の強さが関係しているのかな。（私は強くないからやらないのですよ。）倒錯の世界？（笑）

小林　オークション、というのもいいですね。問題は、ぼくに、実行に移す勇気があるかどうか、だけなわけですが。まあ、ぼくに出来ることといえば、梶井基次郎の『檸檬』を気取って、図書館の不要図書コーナーにでも、そっと解体済みの本の束を置いておくことぐらいでしょうか。いずれにしても、思考実験をしてみて、明らかになったことは、《製本して本にする》ということは、実は、複製を困難にする実に有効な制約手段でもあった、ということです。解体された本が、製本という制約から解き放たれると同時に、一塊の物理的存在だったときに持っていたオーラというか物神性を喪失する、というか、ぼくの側が抱く、本の物神性という幻想／呪縛から解き放たれる感覚は、まさに、倒錯的な快感なんですねえ、これが。複製を困難にする制約と物神性の担保という異なる側面を併せ持つ《製本》という行為は、こう考えてみると、実に巧妙な文化装置だったわけです。いやはや。

machiko（草原真知子さん）　うーむ。いろいろ考えてしまいますね。私自身は「本は大切に」

とたたき込まれて育ったせいか、よく海外などで本の上にコーヒーカップを載せている人を見るだけで、背筋がぞくぞくとしてしまうほうです。

でも、本の非物質化自体には抵抗はなく、必要な資料が分厚い本のわずか数ページだったりすると、それをスキャンしてテキスト化したりします。雑誌はせっせと解体してスキャンします。それでも、やはり本を解体するのは相当に決意が要りそう。

ふと考えたこと。

いまどきの本はたいていディジタル製版だと思うのですが、そのデータが公開されていないために、ディジタルデータ→アナログ・物理的データ→ディジタルデータという不合理なプロセスを辿ることになるわけですね。アメリカでは図書館も含めて本のディジタルデータ提供が進んでいますが、日本ではどうなってるのでしょうか?

古書(江戸から明治の和綴じの本)については、おそらく解体してスキャン、プリントしたものが、製本してない状態でヤフーオークションに出ています。スキャンした画像データをCDで売っている場合もあります。資料としては、なかなか重宝です。和綴じの本は、解体するのにあまり罪悪感は無いかもしれない。糸でまた綴じればいいのですから。

もう一つ、ふと思ったこと。本にページが振ってなかったら、解体後は悪夢ですね。綴じるって、リニアにすることでもあるのかも。

メンタルスタッフ　私は、生まれてから、古本屋に本を売った経験がないのですね。初めて本を売る時にはそれなりの「勇気」がいりそうです。私の場合にも、本を売ることへの抵抗感に、その物神性が無意識的に影響しているのかもしれません。二十歳以前に読んだような本でも、内容はすぐには思い出せないのに、本の姿形、紙の質は心の中に鮮やかに甦ります。においも出てくる。内容だけでなく、そんな、本の雰囲気が好きで本を選んでいたりもしていたかもしれません。そんなことを考えてみると、本を楽しむという「文化」がある以上、物としての本は結構根強く残るのかな。

安斎　すごいですね、論客がそろうとあっという間に「本」の問題系が、要素として見えてきます。最近美大の学生と話をしていて、「本を作りたい」という言葉を何度か耳にしました。Webデザインでも、額に入る作品でも、立体でもなく、製本された本という表象の様式に関心をもっている、ということのようです。「本」あるいは「綴じる」ということは、機能であると同時にシンボルでもある。かたや本の背にギロチンを落とすわれわれがいて、かたや本を作ろうとする若者がいる。

本の物神性＝本は記憶であるという認知的な問題、情報蓄積・保存メディアとしての本の特性、情報閲覧メディアとしての本の特性、知識を生み出す出版システムを何で代替するのか。これらもおそらく別々の問題じゃなく、多義的にからまっているところが面白い。

その前に小林さん、ギロチン本を〝檸檬〟するのはやめましょう。そのまま捨てられるか、そのまま再製本されて読まれるか。

小林　《韋編三たび絶つ》という言葉がありますが。どうも、西欧と東洋では、製本という営為の持つ文化的な意味が少し違うような。いわば、西欧の hard binding と東洋の soft binding。

こう考えると、例えば、仏典が大蔵経のように拡散傾向になるのに対して、聖書が、どちらかというと不要なものをそぎ落としていくことによって、正統性を担保しようとしてきたことなども、関連するように思えます。machiko さんに蒙を啓かれたおかげで、hard binding が西欧近代の呪縛を象徴しているという思いがますます強くなりました。

今になって改めて読み返してみると、ぼくたちの議論が、やはりいくつか悲しむべき方向で現実となっている。少し前、アイパッドなどのタブレットPCが実用レベルに達した一方で、キンドルをはじめとする電子書籍のフォーマットが安定せず、講読のチャンネルも乱立していた時期に、その隙間を埋めるように既存書籍の私的なスキャニングが大きなブームとなった。いわゆる自炊本ブーム。そして、案の定、自炊代行業者が現れた。おもしろかったのは、秋葉原に開店した、裁断機とスキャナーを時間貸しするビジネス。そして、その業者は、スキャンして不要となった本を顧客が放置しておくスペースを設け、他の顧客がそこに放置してある本をスキャンすることを容認していた。

相も変わらず、出版業界の守旧派は、一部の著者（=著作権者）をけしかけて、著作権法の条文を楯に業務差し止めの訴訟を起こさせた。自炊代行業者を目の敵にする出版業界人や文筆業者たちの視線の先に、中野さんが見据えていたような書物の未来があるようには思えない。ちなみに、この訴訟に関しては二〇一六年三月一七日に、自炊代行は著作権侵害に当たるという判決が最高裁で確定している。

そして、草原さんの「製本=シリアライズ」という一言は、ずっと後になって、EPUBにかかわるようになって思わぬ方向に展開していくことになる。

4　スピンまたは本の背

読む行為や書く行為とは、自分のまわりを取り囲むハイパーテキストの膨大なリンクから、ある視点に依拠して、リニアにつながった一本のテキストを紡ぎ出すことではないか――そんなぼくの確信に、新たな確証を与えてくれたのが、他でもないEPUBのデータ様式だった。

例の、村田真の口癖。

「EPUBなんて、HTMLとCSSをzipで固めただけのもの」

ぼくが、じゃあ単なるウェブと何も変わらないじゃない、と問うと、

「敢えていえば、スパイン（spine）ファイルかなあ」

村田真は、たまあに、本質的なことを、しらっと言う。

スパインファイルとは、EPUB形式の一冊の本を構成する複数のHTMLファイルを、デフォルトでどのような順番に表示するかを指示するファイルのこと。スパインという言葉そのものが、本の背表紙に由来する。ちなみに、書籍の栞紐《しおりひも》のことをスピンというのは、背表紙を指すスパインを栞のことだと思い込んだうえに、それがなまってスピンになったのだと思う。このスパインファイルを書き換えると、HTMLファイルの表示順序も変化し、本としては異なる様相を呈すようになる。

従来の紙の本は、一六ページなり三二ページごとに折りたたまれた「折《おり》」とよばれる紙葉を、糸で

かがるなり糊で固めるなりして、「天」、「地」、「小口《こぐち》」の三方をきれいに裁断して製本する。時に、「乱丁《らんちょう》」、「落丁《らくちょう》」といって、折の順序が入れ替わっていたり、一折がすっぽり抜け落ちたりという事故が起こる。このような本は、版元の責任で取り替えてくれる。乱丁、落丁がある本は、売り物にならない欠陥商品だとみなされる。

このような製本のやり方は、グーテンベルク以前の羊皮紙を用いた写本の時代にまで遡る。いわゆるコーデックス（冊子本）。そして、古代ヨーロッパにも日本にも、このようなコーデックススタイルとは異なる書物の姿があった——巻子本《かんすぼん》。

書物の未来を考えるうえで、冊子本とともに巻子本をも視野に入れて論じることは、けっして無益なことではないだろう。ここで、ＥＰＵＢの議論をひとまず措いて、過去の（広い意味での）書物の歴史における製本行為の位置づけを瞥見《べっけん》しておこう。

❶ 巻子形式と冊子形式

古代ギリシャ・ローマ時代、書物は主として巻物の形態をもっていた。紀元前後から、主として羊皮紙を折りたたんだ、冊子形式（いわゆるコーデックス）が増加してくる。巻子形式と冊子形式は、地域と時期に依存しつつ、しばらくは併存する。西欧においては、冊子形式が書物としての正統的な地位を獲得する過程は、製本技術の進展とキリスト教界における正統的新約聖書の内容確定と軌を一にする。このあたりの事実関係は下記の文章に端的に示されている。

「コデクス化（Codification）が、完全な、目に見える形で示された正典化（Kanonization）である」。つまり、コデクス（特にその多帖本）が発達することによって、ようやく新約聖書の全体を一冊にまとめることができるようになった。そうなってはじめて、これが新約聖書正典だよ、と、本当に目に見える、完全な姿で人びとの前に提示されるようになった。

（田川建三『書物としての新約聖書』、勁草書房、一九九七年、一二〇頁）

❷ 正統としての巻子本

――二〇二二年初夏。成蹊大学。

「失礼ですが、『ユニコード戦記』の小林先生ですか」

非常勤講師の控え室で、突然声をかけられた。

「ええ、まあ」

先生、などという呼称には、いつまでたっても慣れないので、返事も曖昧なものとなった。

「文学部で和本についての授業をしている、橋口侯之介といいます。神田で誠心堂という古本屋をやっています。小林先生のご本を拝読して、何度かこの控え室でお見かけして、似ている方だなあなどと思いながら、思い切って声をかけさせていただいた次第で」

「えっと、先生はやめていただけますか。学生にも、ぼくのことを先生とよぶと減点するぞ、って言っているんです。そういえば、最近、知人に勧められて、平凡社ライブラリーで出ている和本の本を買いましたよ。まだ、読んでいませんが」

「『和本入門』ですね。それ、私が書きました」

「えええええ」

『和本入門』をぼくに勧めたのは鎌田博樹さんだった。で、鎌田さんに、橋口さんとの出会いのことをメールしたら、もうほとんど追っかけモードで、ぜひお目にかかりたいという。それで、鎌田さんとともに神保町の誠心堂に橋口さんを訪ね、交友が始まった。押っ取り刀で、橋口さんの『和本入門』、『江戸の本屋と本づくり（続・和本入門）』（ともに平凡社ライブラリー、二〇一一年）、『和本への招待』（角川選書、二〇一一年）なども読み、おおいに蒙を啓かれた。なによりも、グーテンベルク以来の活版印刷による冊子本を相対化する視座を得たことが大きかった。

ずっと以前、田川建三の『書物としての新約聖書』（勁草書房、一九九七年）を読んで以来、西欧の書物については何とかグーテンベルクを相対化する視座を持っていたつもりだったが、橋口さんの知遇を得ることによって、書物を考える歴史地理的広がりが格段に大きくなった。以下は、いわば橋口さんからの受け売り。

日本においては、むしろ巻子本のほうが、より権威性と公的性格を持っていた。冊子本は、当初はむしろ私的書物に用いられることのほうが多かったが、長期間にわたり両者は併存してきた。こうしたなかで、「絵巻物」とよばれる一群の書物群が日本独自の文化として発展する。絵巻物は、その閲覧形式に起因する視点の特徴（斜め上からの俯瞰視点）や絵画と文字との共存といった点でも、「本」の表現方法に関して示唆に富む。

❸ ウェブドキュメントの巻子本メタファー

洋の東西において、歴史的には冊子形式と巻子形式が併存したことを瞥見した。現在、ウェブドキュメントとして主流となっているスクロール形式の閲覧方法は、まさに巻子形式の電子的な嫡子ということができるだろう。巻子形式を「本」の一つの表現形式であると考えると、ウェブドキュメントのスクロールモデルも、まさに「本」の一形態となる。巻子形式を念頭に置くと、先にぼくが措定した「複数の紙葉をある一定の順序に並べたうえで、製本という物理的な作業によって、その内容と順序を固定化したもの」という本のイメージが揺らぎはじめてくる。しかし、与えられた書物が巻子形式にせよ冊子形式にせよ、読むという行為が、一方向に流れる時間に依存して、連綿とつながる人生の一部として経験されるものであるかぎりは、線形性が書物の本質をなす基軸であることに変わりはない。

5　ハイパーテキスト論再考

中野幹隆さんと「電子書籍」の編集・制作に没頭していた一九九〇年代初頭、パソコン普及の初期段階にあって、ハイパーテキスト論が世上を賑わした。ハイパーテキストという概念の歴史をどのように捉えるかについてもさまざまな考え方がある――ヴァネヴァー・ブッシュのメメックス（Memex）、テッド・ネルソンのザナドゥ（Xanado）などなど。この時期、技術分野からも人文科学分野からも夢とともにネットワーク化された電子テキストのさまざまな可能性が議論された。ハイパーテキスト実装の技術的基盤は、ティム・バーナーズ＝リーのHTMLによって、いとも簡単に実現した。しかし、その爆発的な普及とともに、ハイパーテキストについての本質的な議論は潮が引くように議論の前線から消えていった。

EPUBをはじめとする電子書籍のフォーマットにかかわる議論は、改めて「本とは何か」という、ふだんは意識することすらない問いを改めて自覚させることになった。製本とスパイン情報との関係、冊子本と巻子本の関係という二つの軸で、改めて、これからも考えつづけていかなくてはならない、本の本質にかかわる問題圏を改めて整理しておこう。

❶ページ概念からの解放と課題

本には、冊子形態のものだけではなく、巻子形態のものも存在する。冊子形態の巻子形態に対する大きなメリットの一つは、ページ概念が明確である点にある。なによりも、ページを単位とするランダムアクセスが可能であると同時に、ページと行を指定することによって特定個所を正確に明示することが可能になる。この機能が、とくに学術書における引用を軸とするエコシステムの形成におおいに寄与したことは疑いをえない。

一方、スクロールを主体とするウェブドキュメントは、巻子本形式による書記閲覧形式の正統的な嫡子であると考えられる。しかし、画像とテキストの高度な融合や、閲覧姿勢に対する配慮といった、日本の絵巻物が育んできた高度で洗練された技法と文化が、現在のウェブドキュメントの制作方法に十全に生かされているとは考えがたい。縦組・横スクロールへの対応をはじめとして、ウェブドキュメントに対する機能要件として検討すべき課題は多々残されている。

スクロール可能なドキュメントの特定個所を指定する技術的な方法は、とくに紙の冊子形式におけるページ行指定方式と比して、はなはだ貧弱である点も否めない。EPUBをはじめとする電子書籍フォーマットは、あたかも所与の条件としてページ概念を前提とした設計がなされてきたが、電子書籍フォーマットにおいてもページ概念を相対化し、巻子形式に対応する概念の導入も積極的に検討すべきではないか。

❷ 線形化過程としての読文行為

「読文行為」という言葉は一般にはあまり使われないように思われる。ぼく自身は、読文行為をreading、すなわち「読むこと」の意味に使っている。読書という言葉には、書籍や書物を読むという含意があるが、読むこと（reading）の対象は必ずしも書籍や書物だけではない。読文行為という言葉に違和感を覚えるようであれば、単に「読むこと」と読み替えてもいっこうにかまわない。

「電子聖書」（『季刊哲学』12の特集）では、付録に5インチのフロッピーディスクを付け、荒井献の東京大学における最終講義録「プロローグとしてのエピローグ」をハイパーテキスト化した電子情報を収録した。このハイパーテキストでは、荒井が引用した文章と、引用された元著者とのハイパーリンクを張り、元著者別のインデックスを設けて一覧できる機能を実装した。その結果、たとえば荒井が荒井自身の文脈の中で引用しているショットロフやシュスラー・フィロレンツァなどの文章から、元著者のフェミニスト的視点を鮮明に読み取ることが可能となった。

紙の本においても、索引の制作が本文の著述とは独立して評価しうる優れて知的な創造行為であることは夙《つと》に論じられている。ハイパーテキスト構造によるリンク付けの作業が、多様な文脈による読文行為の可能性を広げることは、将来の電子書籍の在り方を考えるうえでもっと重視されてもよいように思われる。その際、かつてのハイパーテキスト論ブームの折に盛んに論じられ、ぼく自身もさまざまに思考をめぐらせたことではあるが、ハイパーテキストのまさに蜘蛛の巣のようなリンク構造を選択的にたどることは、読者の側から見ると、読文行為の時間軸に沿った線形化と捉えることができる。

この線形化という行為は、シャノン的な情報エントロピー論に立てば、エントロピーを減少させる行為と言い換えることができるだろう。それをさらに、読者が自分自身の物語を選びとり紡ぎだす行為だと言い換えてもいい。すなわち、ハイパーテキストをある意図の基に順を追って読むという行為は、読者の側が自分自身の手で新たなスパイン情報を構成し、一冊の新たな本を編むという行為に他ならない。

❸ 創造的営為としての読文行為

ＥＰＵＢのスパイン情報をヒントとして、紙の本と電子書籍とウェブドキュメントの相違について考えてきた。もう一度、要約しよう。本を本たらしめている基本的な機能は、ある要素文書を特定の意図で選択し、一定の順序に配列することにより、ひとまとまりのメッセージを表明することにある。紙の本は、この機能を、物理的な製本という行為によって著者の側に固定化する。ＥＰＵＢにおけるスパイン情報は、紙の本における製本機能に相当する。一方、電子化ドキュメント、なかでもウェブドキュメントは、その多様なリンク付け機能により、読者の側に、多様な可能性のなかから、ある特定の意図に基づく読みの順序を選び取る自由を残している。さまざまなリンク構造のなかから、ある一定の意図で選び取られた読みの順序は、それ自体としてすぐれて創造的な成果物であり、思想の表明でありうる。

将来の電子書籍とは、多様でしばしば混沌としたウェブドキュメントの連鎖のなかから、ある意図で切り取られ選び取られたドキュメントの、線形化された読みの軌跡となるのではないか。

6　そして、共観年代記へ

二〇一四年年初、ぼくは下記のような駄文を書いた。どこに発表しようというあてもない、まさに、ごく私的な年頭所感だった。

旅の企て：日本語書記技術のエスノグラフィーに向けて

旅に出ようと思う。記憶を辿る旅に。

2013年末に、長く務めたUnicode ConsortiumのDirectorを退任した。英語には、Calmly step downというちょうどいい表現がある。IDPFのDirectorなども含め、標準化に係わる仰々しい肩書きがすべてとれて、これといった仕事をしてきたわけでもないけれど、それでも肩の荷が下りたようで、ずいぶんすっきりした気分になった。還暦も過ぎて、自分の時間も増えて、今までの自分の歩いてきた道筋を振り返る余裕が少し出てきた。

小学館からジャストシステムに転じたのが、1989年。今年で、ちょうど四半世紀になる。その間、文字コードだけではなく、ATOK監修委員会を軸とする仮名漢字変換周辺で、スーパーDTP大地に始まり『日本語組版処理の要件』に至る日本語組版処理周辺で、なにがしかの仕事をしてきた、という自負はある。

そして、ぼくは心の中では、文字コードも、仮名漢字変換も、組版処理も、日本語を軸として、すべてが相互に関連しているという確信のようなものが、ずっとあった。敢えて言えば、日本語のWriting System。

しかし、ググってみても、Unicode StandardにあるWriting Systemの章を見ても、多くは、Writing SystemをScripting Systemとほぼ同じ意味で使っている。即ち、書字体系。う〜ん、違うんだよなあ。

そんなことを考えていたら、偶然、アマゾンで小松英雄の『日本語書記史原論』（笠間書房）を見つけた。一読驚愕。「すべての書記は情報の蓄蔵である」〝All writing is information storage〟天啓だった。Arbertine Gaurが〝A History of Writing〟に記した一文を訳したもの。

そうだ、ぼくが生きてきたこの四半世紀は、日本語の書記体系がデジタル装置／ネットワーク環境に置き換えられていくという、大きな歴史的転換期だったのだ。

そのように合点がいくと、自分が辿ってきたさまざまな風景が全く違って見えてくる。それとともに、記憶の風景の中で、欠けているところが気になってくる。観光旅行から帰ってきてから、見逃した名所を知るといった気分だ。

ガウア＝小松の《書記＝情報の蓄蔵》という考え方に蒙を啓かれて、ぼくは、自分がかかわってきたことどもを《日本語書記技術》という観点から見直しはじめた。当初、『電脳日本語書記技術論』といった内容の本を一本まとめられればいいなあ、という野心がないでもなかった。しかし、少し調べてみると、日本と世界にかかわらず、そもそも書記システム（writing system）についての本がほとんど存在しない。二、三の出版関係者にそれとなく話を向けても、芳しい反応が返ってこない。現時点で『電脳日本語書記技術論』をものすることはキッパリ諦めて、せめて将来の議論の素材となるような記録を残しておこう。こう肚を括って、『ユニコード戦記』のスタイルで少しずつ原稿を書き始めた。

ある程度まとまったところで、前著の編集担当で今は慶應義塾大学出版会に移っている浦山さんに相談したら、色よい返事をくれた。ただし、条件があった。最初の粗稿には、ＡＴＯＫ監修委員会にかかわることなども含まれていたのだが、テーマを思い切って電子出版に絞り込むことと、タイトルを『ＥＰＵＢ戦記』とすることだった。浦山さんのゴリ押しで、ぼくのなかでも本のイメージが急速にまとまってきた。

しかし、『ＥＰＵＢ戦記』というタイトルの本を書こうと思うと、いくつか気になることがある。

一つは、鎌田さんのEBook 2.0フォーラムのこと。ここに、まさに「EPUB戦記」と題された一連のアーティクルがある。それも、最終的には一本にまとまっていないとはいえ、EPUB3・0制定直後の生々しい雰囲気と怜悧な卓見に満ちている。すでに公開情報として存在しているこれらのアーティクルを無視して、ぼく自身の『EPUB戦記』を書くわけにはいかない。なによりも、ぼく自身、すでにこの一連のアーティクルを読んでしまっており、その影響から自由ではありえない。何とか、これらのアーティクルを批判的にかつ生産的に継承することはできないか。

もう一つ。ぼく自身、EPUB3の制定過程にある程度はかかわってきたが、では、『ユニコード戦記』のときのように積極的かつ主体的にかかわってきたかというと、そのかかわりは間接的かつ副次的だったといわざるをえない。世の中には、ぼくよりももっと希薄なかかわりしか持たなかったにもかかわらず、あたかも自分が中心的かつ主導的にEPUB3をつくってきたと公言してはばからない人もいないではないが、村田真の本性を知っているぼくとしてはそんな恐ろしいことはできない。なんやかや言っても、EPUB3は村田真の物語であり、CSSとの関連まで広げればエリカや石井宏治さん、村上真雄さんの物語であって、けっしてぼく自身の物語ではない。幸か不幸か、村田真も、二、三の論文やセミナーなどの発表で、彼自身の立場からEPUB3の制定のいきさつを公表している。

ぼくの結論は、ごく安易かつ自然なものだった。鎌田さんのアーティクルや村田真の論文をパクって、原稿を書こう。パクリだって、うまくやれば芸になる。鎌田さんも村田真も、ぼくの企てに即座に賛同してくれた。

もう一人、山口琢さん。山口さんが xfy のころから営々として続けている、日本語で読み、そして書くことへの思考を具体化する開発途上のアプリケーションを提供してくれた。鎌田さんが提供してくれた EBook 2.0 フォーラムの庇を借りた非公開の『ＥＰＵＢ戦記』専用サイトと、そのサイトのアーティクルにさまざまな視点からアクセスできる山口さん開発の専用ウェブアプリを用いることで、ぼくなりの物語を紡ぎ出す作業はおおいにはかどった。

村田真は、鎌田さんの専用サイトに、非公開をいいことに、罵詈雑言を含む彼自身の生々しい体験談をメモとして数多く寄せてくれた。

このような状況を横目で見ていて、鎌田さんが、環境を含めたサイト全体を《共観年代記》と名づけた。このあたりのネーミングの妙は舌を巻かざるをえない。共観年代記という名付けを得て、ぼくにも、ぼくが『ＥＰＵＢ戦記』でやりたかったことが本当はどういうことだったのかがさらによく見えてきた気がした。

二〇一五年七月、ぼくたちがやりたかったことの概略を、「共観年代記に向けて」と題して、公立はこだて未来大学で開催された情報処理学会・デジタルコミュニケーション研究会（旧ＤＤ研）で報告した。以下は、鎌田さん、山口さんとの共著による研究会予稿を下敷きにしている。

❶ Parallel Narratology から Parallel Reading へ

〝Parallel Narratology 試論〟と題してＤＤ研で山口さんと行なった発表は、線形に書かれた物語のテキストを電子的に複線化することを通して、主として視点の相違によって触発される、多様な読みの可能性について論じたものだった。この折は、マタイ、マルコ、ルカによる福音書、いわゆる共観福音書と、芥川龍之介の小説『藪の中』を議論の素材として用いた。しかし、その後の電子書籍をはじめとするデジタルドキュメントの読み書き環境が充実してくることによって、この二つの素材によって啓発される議論の方向がやや異なることがわかってきた。

『藪の中』の議論は、あくまでも一人の著者による線形の物語を、その線形性から解き放つことによって、読者の側が、隠された新たな物語を紡ぎ出す可能性についての議論に発展する。一方の「共観福音書」は、三つの相異なるテキストを併置することによって、それぞれのテキストが共通に対象として描くナザレのイエスという歴史的存在について、個々の読者が多様で立体的なイメージを抱く可能性についての議論に発展する。ここで、共観福音書にかかわる議論で失念してはならないのは、マタイ福音書の筆記者とルカ福音書の筆記者が、マルコ福音書の読者であったということだ。マタイ福音書の筆記者とルカ福音書の筆記者は、筆記者である以前に読者だったのだ。

このような読む行為と書く行為の連鎖は、思い返せば、人類が文字によるコミュニケーションの技能を習得して以来、連綿として続いてきたものだった。デジタル技術の進展、なかでもウェブ技術、とくにブログやSNSの進展は、読み手が書き手として情報発信する機会を爆発的に広げることになった。われわれ人類は、市井の人びとが、事象やドキュメントに対する多様な「読み」を、日常的に、それも地球規模で瞬時に拡散される可能性をもって、書き記し発信する時代を迎えている。

❷ だれもがself-publishingできる時代に

キンドルやコボなどの電子書籍流通システムでは、早くからself-publishingとよばれる出版形態が取り入れられ、日本でも着実に市場を広げている。日本では、いわゆるコミケ、自費出版、同人誌などの市場が従来から存在していて、これらの市場の一部がself-publishing市場に移行しはじめている。

電子書籍が普及する以前にも、みずからの著作物を紙の書籍の形で残したいという願望をもつ人たちが一定数存在していたことは確実だ。初期のＤＴＰシステムの送り手側が想定していたユーザー層の一部がこのような人たちであることも、日本と欧米とを問わず共通している。

先にあげた矢野さんの『おもいっきりデスクトップ・パブリッシング』など、ＤＴＰ概念自体が、その黎明期から市井一般の人たち自身による情報発信としての出版活動を指向していたことの確かな証左となっている。

また、ジャストシステムが二〇〇五年に発売した「一太郎文藝」は、一般人による書籍の執筆制作を念頭に置いた「一太郎文藝の世界」と題する及川さん企画編集による冊子を同梱していた。この冊子所収の「誰でも三冊の本が書ける」という美しい評論の冒頭で、紀田順一郎さんがある出版編集者の言葉として、「だれでも一生に三冊は本を書くことができますよ。一冊は自分の経歴について。一冊は自分の仕事内容について。もう一冊は自分の好きなこと、たとえば趣味について」と記していることはすでに述べた。この一文はまた、多くの人たちに自分自身の歴史を本として後世に残す勇気を与えてくれる。「一太郎文藝」の発売から一〇年を経て、今では「紙の本」という形態に拘泥さえしなければ、だれもがself-publishingができる時代が出来した。

矢野さんや紀田さん、及川さんが思い描いてきた世界が、技術的には達成されたといってもいい。

❸ 時代の証言としての自分史

ぼくが二〇一一年に上梓した『ユニコード戦記』（東京電機大学出版局刊）は、幸いにして、「情報技術の最下層基盤の一つであるにもかかわらず、一般的にはあまり語られることのない符号化文字集合に関する国際標準策定の活動についての、歴史的記録として意味がある」といった主旨の好意的な評価をいくつか頂戴した。本書『EPUB戦記』は、『ユニコード戦記』の続編としての意味合いも持っている。主軸は、ぼくがかかわってきたDTPシステム、電子書籍試行実験プロジェクトなどだが、一般にはあまり知られることのない電子書籍フォーマットの標準化をめぐる見聞にも触れている。

しかし、当事者の一人として積極的にかかわってきたユニコードとは異なり、EPUB標準化へのぼく自身のかかわりは、すでに述べたように副次的といわざるをえない。そして、実際にIDPFとW3Cという二つの国際コンソーシアムに立ち向かったのは、XMLやRELAX NGの標準化で勇名を馳せている村田真をはじめとし、石井宏治さんや村上真雄さんらであり、ぼく自身はたびたびその現場に立ち会ったり、メール上での激しい論戦を目にしていたりしたに過ぎない。

とはいえ、目撃情報であるとしても、一次情報ではある。そして、自分自身が前著執筆の折にたびたび気づかされたことでもあるが、必ずしも当事者の記憶が正確で、その理解が世間一般から見て正当であるとも限らない。であれば、それが「藪の中」的な情報であり、必ずしも正鵠を射たものではないとしても、複数の情報を重ねることで少しは核心に近づくことができるのではないか。たとえ、それぞれの情報が互いに矛盾していたとしても、その矛盾そのものが、歴史的なある出来事の記録として意味をなすのではないか。重要なことは、誤謬を含む可能性を内包する情報を単一の情報として提示するのではなく、それぞれが誤謬を含む可能性を内包するとしても、複数の情報をありのままに提示することではないか。

共観福音書は、マタイ、マルコ、ルカ、それぞれの筆記者が想定していた読者層の相違もあり、共通する事象を記述していても、互いに矛盾する場面がしばしばある。しかし、その矛盾は、二〇〇〇年を経た現代の読者が歴史のイエスを生き生きと心に描くうえで、掛け替えのない糧となっている。

❹ 年代記という歴史記録様式

ＤＤ研の予稿に、以上のような主旨のことを書いて、鎌田さんに送ったら、これまた見事に、共観年代記のあるべき姿をまとめてくれた。以下は、ＤＤ研予稿の鎌田さんの担当個所をそのまま。

1　年代記とは

年代記は非常に古い歴史を持つドキュメントの一形式であり

・明確なタイムラインを持ち
・世界事象と身辺事象の記録を含み
・年代記作者の視点がある

などの特徴を持つ。古代中国の〝春秋〟やローマのタキトゥス〝年代記〟などが代表例である。

その融通性から、物語に使われることが多いが、これはタイムラインをフレームワークとすることで、説話（narrative）の中に神話・伝説・戦記・日記・回想など多様な形式要素を混在／包含できるためである。タイムラインはじつに多様な可能性を秘めているが、それは事実、事件、事象を同期することで、ものごとの様々な側面が見えてくるためである。

2　タイムラインと対話性

タイムラインは、スケール、対象、データなどフォーカスを切替えることによって、多くの複雑な情報とそれらの関連を同一平面上に表現／共有することが出来るが、冊子印刷物に適さないことから十分に利用されてこなかった。デジタル技術はタイムラインに関して非常に多くの手段を提供していることは言うまでもない。構造的情報の視覚化はデジタル・ドキュメントにおいて取組まれているし、同期させるべき情報素材はインターネット上に存在し、利用可能になっている。しかし、そうした技術を具体的なドキュメントに導入し、ＵＩ／ＵＸとして定着させるためには、異質な情報の構造化と表現、共有（出版）、拡張方法を具体的な用途ごとにモデル化し、表現において洗練させる必要がある。これまでフィクションやノン・フィクションの中で使われてきた〝年代記フレームワーク〟は、冊子体の印刷物という制約があったために、同期性はもっぱら著者個人の想像力と表現力に依存するしかなく、地図や年表、注釈などの構造情報は、通読を妨げるものとして付録に一括されるか無視されるしかなかった。タイムラインの利用法を確立することによりデジタル年代記は新しい発展の可能性を得る。

3　タイムラインと共観性

年代記のデジタル化によるいま一つの可能性は、共観性（synopticity）による拡張である。共観は同一対象を別の（人物の）視点・スタイルで観察・記述することで生ずる位相のずれにより、〝事実〟と伝承・記録の検証、観察者の立ち位置と視点の推定、文献批判などを可能としてくれるものだが、ドキュメントにタイムラインという軸を共有させることで、歴史研究における客観的分析・検証を行うことが容易になる。一つのタイムラインは、話者のコンテクストによって異なった記述として遺される。同じ被写体を別の視点から（3次元的に）記録することで、得られる情報が飛躍的に増えるように、タイムラインを共有する異質な素材を同期させることで共観性を実現することができる。これは冊子体の印刷物では困難だが、デジタル・ドキュメントであれば可能である。さらに時間・空間・環境・言語などを異にする人々のコミュニケーションの手段として、無限の可能性を秘めているともいえる。ここでも課題となるのは、異質な情報の構造化と表現、共有（出版）、拡張のモデル化である。

共観年代記の環境のうえで、自分の記憶を掘り起こすことと並行して、ぼくは自分の記憶から欠如していることどもを蘇らせるために、時には及川明雄さんの手を煩わせ、時には村田真の手を煩わせて、関係者に集まってもらい歓談の時をもった。このようなオーラルコミュニケーションを経た情報もまた、共観年代記を構成する重要な要素となっていくと思われる。『ＥＰＵＢ戦記』は、はからずもウェブ上に構築された共観年代記の、ぼく自身による一つの読み(線形化)の提案、という意味合いを帯びている。

二〇一五年九月、ぼくは、Code4Libで〝未来の書物またはもう一つのハイパーテキスト論〟と題して基調講演を行なった。その最後の部分。

現代では、本を読むことと本を書くことの垣根は、以前よりも、ずっと低くなっているように思われます。未来の書物とは、まさに網の目のように張り巡らされた情報の連鎖から、自分なりの視点で一本の糸で繋がった線形な情報の列を読み取る行為そのものとなるのではないでしょうか。日々の情報を読むという行為そのものが、それぞれの自分自身の書物を編むことに他ならないと思います。ご静聴ありがとうございました。

7 日本語書記技術論をめざして

小松英雄は、ガウアの〝All writing is information storage〟という謂《いい》を「書記とは情報の蓄蔵である」と訳した。文字で書き記された文書は何らかの情報を担っている。人類が文字で書き記す術を手に入れてから一万年近くの長きにわたって、文字で書き記された文書は、その後に続く人々に何ほどかの情報を伝えつづけてきた。今、そのようにして書き記された文書が、さらにその何ほどかの情報を伝えるべく、ネットワークでつながれたデジタル環境に移されはじめている。さらに、新たな何ほどかの情報が日々書き加えられている。

歴史に蓄蔵された文書をデジタル環境に移す際、どのような情報が未来に伝えられ、どのような情報が消え去ってしまうのか。日本語書記技術論という言葉でぼくが構想したことは、日本語にかかわる書記体系の長い歴史とデジタル化技術の接面を通して、日本語の書記体系が担ってきた情報を解きほぐしていくという営為なのだ。正直なところ、ぼくには、この接面からどのような地平が拓けてくるのか、ほとんど想像がつかない。しかし、ぼくの四半世紀を越える日本語とデジタル化技術へのかかわりの過程で、広大な問題圏への糸口をいくつか見つけることができたような気もする。以下、そんないくつかの糸口。

❶ 行 長

ぼくは子供のころから本を読むのが好きだった。けっこう早熟で、中学を卒業するころにはアルベール・カミュの『異邦人』を読んでいた。高校に入ってからは、カミュを手がかりに、レオ・シェストフやベルジャーエフなどの哲学書から、ドストエフスキーの長編小説まで渉猟した。なかでも、夏目漱石は大好きで、『坊っちゃん』から『こころ』に至る主要な作品は、中学を卒業するころまでに大方は読み終えていた。『門』と『こころ』は、その後も何度も読み返した。

ところが、『吾輩は猫である』と『明暗』は、大学を卒業し、編集者になり、ジャストシステムに転じてからも、なぜか読了できずにいた。パーム（Palm。あの元祖PDAみたいなもの）が出て、青空文庫に採録された作品が読めるようになって、意を決して『吾輩は猫である』を読みはじめた。いつでもどこでも読めるもんね、みたいな感じで。それでもだめだった。パームがザウルスになり、ザウルスがアイポッド・タッチになり、アイポッド・タッチがアイフォンになっても、どうにも気持ちがぎくしゃくして読み進められない。最後は、自宅の本棚にあった妻所有の新潮文庫版を引っ張り出してきて、やっとのことで読了した。

一方の『明暗』。こちらは、少年期に一口かじって口に合わなかったせいの食わず嫌いの体で、ずうっとほったらかしにしてあったのが、水村美苗さんの『日本語が亡びるとき』がおもしろくって、『続・明暗』にも食指が動いて、でも、『明暗』を読まないで『続・明暗』もなあ、などと思って、青空文庫版をアイフォンに入れたら、一気に読めた。なんでこんなにおもしろい本を今まで放っておいたのだろう、と思ったぐらいだった。まあ、ぼくも結婚し、子供ができて孫まで生まれる歳になって、夫婦の感情の襞《ひだ》もそれなりには経験してきたわけで、そのような経験を踏まえれば、漱石が『明暗』で描く夫婦の姿が、けっこう等身大で理解できるようになったからかもしれない。

では、なぜアイフォンで『明暗』が読めて、『吾輩は猫である』が読み切れなかったのか。そのことがずっと気にかかっていた。あるとき、ふと気づいた。『吾輩は猫である』の初出は雑誌『ホトトギス』ではなかったか。それに対し、『三四郎』から『こころ』を経て『明暗』に至る作品は、すべて朝日新聞だった。

村田真に、ＥＰＵＢ3の議論に引きずり込まれて、リフローと禁則処理の問題などについても考えるようになっていた。そんな折、禁則処理の厳しさと一行の文字数とのトレードオフが話題になった。単行本や文芸誌では問題ない禁則処理でも、それを新聞や週刊誌に適応しようとすると、行長が短いために、下手をすると一行に入る文字が一字だけみたいなことが起こるらしい。アドビの山本太郎さんは、日本タイポグラフィー学会の会長も務めるこの分野の第一人者だが、いとも簡単に「タイポグラフィーは行長に制約されますから」という。

そうか、行長か。『吾輩は猫である』がアイフォンで読み切れなかった理由の一つは、漱石が想定していた『ホトトギス』の行長とアイフォンで青空文庫を読むときの行長があまりにちがいすぎていたためではないか。ぼくも、ご多分に漏れずはるか昔に老眼世代に突入していて、アイフォンで小説を読むときは、ことさら文字を大きくして、行長は極端に短くなっていた。

もちろん、ぼくが『吾輩は猫である』を読み切れなかった理由を、アイフォンの行長のせいだけに帰するのは、短絡的すぎるだろう。しかし、無関係とも断定できまい。それで、いろいろなことを考えた。かつて、編集者を志したころ、「文章読本」の類をいろいろ読んだ。そのなかには、必ずといっていいほど万年筆と原稿用紙の話が書いてあり、そして、自分の気に入った名文を四〇〇字詰の原稿用紙に書き写せ、といったことが書いてあった。作家の息継ぎがわかるから。ぼくも、ペリカンの万年筆を奮発し、満寿屋の原稿用紙を買い込んできて、それこそ漱石などを写して悦に入ったりしていた。

漱石の作品の中では、『吾輩は猫である』はごく初期のものだし、文体もちょっと気取っていて、その後のいわば近代的な日本語の規範となった文体とはやや異なっている。アイフォンならずとも読みやすいわけではない。朝日新聞社に入社してからの漱石が、新聞小説というメディアを通して読者と対峙し、読者からの反応に呼応する形でみずからの文体を形成していったこともまた想像に難くない。そして、その文体形成に当時の新聞小説の一行の字数がかかわっていなかったと断言することも難しかろう。

そんな話を、紀田順一郎さんにしたら、当然のように、

「そうですよ。漱石は、新聞小説の字数に合わせて、専用の原稿用紙をつくらせていましたしね」

漱石の遺品を多く所蔵する県立神奈川近代文学館元館長のご託宣なのだから、まちがいあるまい。

先に触れた、『ジュラシック・パーク』とマイケル・クライトンとのマックとパラチノをめぐるエピソードも、洋の東西の差はあるとはいえ、同じ文脈の上にある。

今野真二の『百年前の日本語』（岩波新書、二〇一二年）によると、漱石は、朝日新聞社入社に際して、『吾輩は猫である』をはじめとして多くの漱石作品の装幀を手がけていた画家の橋口五葉に、専用の原稿用紙のデザインを依頼している。一九字詰×一〇行。一九字詰がそのころの新聞小説の行長であったことは、いうまでもない。

二〇〇四年九月から、朝日新聞は連載百年を記念して、毎日、『こころ』の再掲を始めた。その本文は底本として岩波文庫版が用いられており、フォントは今の朝日新聞本文書体、行長は一九字よりも短くなっていた。『こころ』の再掲を、ぼくは毎朝読んだ。手元には、新潮文庫版の『こころ』もあったが、毎日、紙面で読んだ。一回一回の区切りが、生活のリズムと共振するようで、ある種、生理的な快感を覚えるようになった。おそらく、新聞小説とはそういうものなのだろう。しかし、ぼくが感じた生活のリズムが、百年前に『こころ』を読んだ時代のリズムと共振することは、もはやないだろう。

『こころ』の連載が終わったことと、この連載を通して近代における生活の、すなわち時代のリズムとしての新聞小説の意味合いが大きく変わったことを再認識したことも、ぼくが親の代から続いていた朝日新聞の購読をやめた理由の一つだった。

——二〇一六年五月一日。県立神奈川近代文学館。

本書原稿を脱稿したあと、大型連休中の日曜日、紀田順一郎さんが館長を務めていたこともある県立神奈川近代文学館に「百年目に出会う夏目漱石」展を観に行った。駒場の日本近代文学館や東北大学と並んで日本有数の漱石関連資料を所蔵するだけに、剛球ど真ん中といった重厚な展示で、時の経つのを忘れた。

展示のなかに、『吾輩は猫である』の手稿と第一回が掲載されたホトトギスがあった。思わず、ぼくは原稿用紙の字数とホトトギス誌面の字数をかぞえた。原稿用紙はおそらく市販のもので、二五字×二〇行のもの。ホトトギスの誌面はぼくの勝手な思い込みとちがい、二五字の二段組だった。しまった、早とちりだったか。同じホトトギスでも『坊っちゃん』のほうは一段組で、もっと字数が多い。そして、手稿のほうは同じ二五字詰めの市販の原稿用紙に書かれている。ぼくが『吾輩は猫である』を読みあぐねた理由は、どうも行長のせい、というわけでもなさそうだ。

それでも。

これもこの展示で知ったのだが、漱石は『吾輩は猫である』の初回分を、まず高浜虚子の勧めに応じて、虚子が主宰していた私的な会合のために書いた。その原稿を虚子が音読するのを、漱石は時々は笑い声をあげながら聞いて、悦に入っていたという。そうか、音読ね。そして、漱石が最初に念頭に置いていた読者は、虚子をはじめとする私的な集まりの、したがって文学に対するはっきりした姿勢も持つ人たちだった。

漱石は、東京大学の英文学講師を辞して朝日新聞社に入社するに際し、文筆一本で立つことへの少なからぬ不安があった。それを断ち切っての転進には、強い覚悟が必要だった。橋口五葉にデザインを依頼した専用の原稿用紙は、その覚悟の表れだったのではないか。そして、その字詰めを当時の朝日新聞の字詰めと同じ一九字にしたのは、以後対峙することになる多くの未知の読者に対する漱石なりの誠意だったのではないか。

帰りがけに、文学館の売店でぼくは、漱石が用いた原稿用紙のレプリカを一冊買った。

「原稿紙は一九字詰十行の洋罫紙で、輪郭は橋口五葉君に画いて貰ったのを春陽堂に頼んで刷らせて居る。一九字詰めにしたのは、此原稿用紙を拵えた時に、新聞が一九字詰であつたからである」（夏目漱石「文士の生活」、大阪朝日新聞）

❷ 行間

小松英雄の『日本語書記史原論』に啓発されて、日本語書記技術論なるものを構想したことは先に書いた。まさに、目から鱗、蒙を啓かれる思いをしたのだが、蒙が啓かれたのは巻頭に配された総説と巻末の付論に限ったことで、論考の本体は、近代以前の日本語に関して何の素養のないぼくにはチンプンカンプンで、蒙は蒙のままだった。

唯一、かすかに論旨がほの見えるように思えたのは、「定家仮名遣の軌跡」と題された第四章だけだった。蛮勇をふるってぼくなりに要約すると、下記のようなことだ。

藤原定家は、さまざまの先達の作品を筆写する際、用いた底本の仮名遣いにとらわれることなく、独自の仮名遣いをしていた。その理由については諸説あるが、小松の説は、隣接する行に同じ音が現れると、隣の行に目が移るのを防ぐために、あえて異なる字母をもつ仮名を用いた、ということだ。

小松の著書を読んだころ、国立国語研究所の高田智和さんと、変体仮名のＵＣＳでの符号化提案の準備を始めていて、符号化モデルをどうしたらいいか思い悩んでいた。なかでも、元になった漢字（字母という）が同じで音価も同じなのに字形が異なる変体仮名を、符号化文字として使い分けたい、という研究者サイドからの要求と、ＵＣＳのソシュール的な音声言語至上主義との折り合いを、どうつけるかは頭の痛い問題だった。高田さんとともに、仮名表記の歴史的研究を専門とする大阪大学の矢田勉さんを訪ねたとき、

「同字母同音価で字形が使い分けられている場合、何らかの機能のちがいがあると考えられますね。語頭と語中や語尾のちがいとか、体言と用言のちがいとか」

という言葉を聞いて、膝を打った。機能性のちがい――小松の定家に関する論にある独自の仮名の使い分けも、隣接する行の区別を際立たせるという《機能》を果たすためのものだった、と考えれば合点がいく。小松は、定家本を底本として翻刻を行なう際、行数が異なり行の隣接関係が変化する場合にまで、定家の仮名遣いに拘泥することの愚を喝破している。この議論は、電子書籍におけるリフロ

ーの問題にもそのまま当てはまる。

『普遍論争』の版面デザインを「大地」で試行錯誤していたとき、中野さんが拘っていたのは、それぞれの行を縦の線として美しく際立たせ、読者が自然に読み進めるようすがとすることではなかったか。業界では「可読性」という言葉を使う。定家も中野さんも、可読性という機能を高めるために、委曲を尽くしていたのだ。そして、矢野さんが『パソコンと私』で吐露していた印字スタイルへの拘りも、やはり根は同じだったにちがいない。

行間設定を、可読性という機能の向上と捉え直すと、思いはさらに広がる。電子書籍において、可読性を高める機能とはどのようなものなのだろう。電子書籍リーダーやウェブブラウザーなどでは、行長や行間を自由に設定できる。スクロールだって思いのままだ。

大場さんを引っ張った公立はこだて未来大学の川嶋稔夫さんのところに、大日本印刷から国内留学している小林潤平さんという若い研究者がいる。はつらつとした好青年。彼がやっているおもしろい研究を見せてもらったことがある（https://www.jstage.jst.go.jp/article/tjsai/30/2/30_30_479/_pdf）。対象行の文字をやや太くしたり、明度を変えたりして、読者が今読んでいる行に読者の視線を集中させる。改行も、行長の統一に拘泥せず、文節の切れ目で行なう。映画のエンドロールのように行が次々とズームイン・ズームアウトしていく技法も利用していた。当然ながら、そのような技法を用いた書記方法が、読者の本質的な文書理解とどのようにかかわるか、という検討も欠くことはできないだろう。

彼の研究を見せてもらったとき、定家が試み、矢野さんや中野さんが追い求めた機能が、未来のネットワークでつながったデジタルな読み書き環境で実現される可能性を垣間見たように思った。

❸ ルビ

学生時代、薫陶を受けた英文学者由良君美に『ルビの美学』という美しい随筆がある。紀田順一郎さんがジャストシステムが発行していた『モアイ』に「日本語図鑑シリーズ」を連載していたころ、この話をしたら、ルビの回に取り入れてくれた。

かつて香港で国際ユニコード会議が開催されたとき、会議議長のリサ・ムーアに頼まれて、基調講演者として紀田さんを紹介した。紀田さんは、『日本語発掘図鑑』の「ルビという小さな虫」の回を軸として、すばらしい講演をしてくれた。この講演を聴いたマーティン・デュルスト（Martin Dürst）が提案したことが一つの契機となって、Ｗ３Ｃでのルビタグの標準化が進むこととなった。ＵＣＳにおけるルビタグをめぐって一敗地にまみれたことは『ユニコード戦記』に書いた。

このような経緯を、情報処理学会の情報メディア研究会で報告した。たぶん一九九八年のこと。そこで、紀田さんが引いた由良の随筆を孫引きして、両側ルビについてちょっと言及した。そうしたら、その研究会にいた言語学者の田中克彦さんと筑波大学で日本語学を講じていたシュテファン・カイザー（Stefan Kaiser）さんが、発表者のぼくをそっちのけにして論争を始めた。田中さんがソシュールばりの音声言語至上主義で、

「両側ルビといえども、読むときは必ずシリアライズされて音声化されるにちがいない」

と言えば、カイザーさんは、むしろ漢字仮名交じり文の特異性を強調して、

「いや、両側ルビは漢字と両側のルビが一体となって視覚的に認知されて、多層的な意味を同時に伝えるからすばらしい」

と、一歩も引かない。会場の参加者たちは、ぼくも含めて、両大家によるまさに口角泡を飛ばす、いつ果てるともしれない論争を黙して見守るしかなかった。

ＥＰＵＢやＣＳＳの標準化の際にも、ルビについては小書きの仮名や熟語ルビなど悩ましい問題がいろいろあった。そもそも、ベルリンの国際ユニコード会議でエリカと知り合ったのも、ぼくがモノルビとグループルビについて質問したのがきっかけだった。そんなこともあって、小松英雄に啓発されて文字情報技術論について構想しはじめてからも、ルビをめぐる議論はつねに頭から離れることはなかった。

由良君美の『ルビの美学』は、祖父の家の軒先で原稿にルビをさすルビ屋さんについての幼少期の思い出から始まる。引き続き、黄表紙本の鼻祖とされる恋川春町作『金々先生栄花夢』を俎上に乗せ、振り仮名を駆使することで漢文の文脈と大和言葉の文脈を縦横に往来する恋川春町の世界を読み解く。紀田順一郎さんがこのあたりの流れを、みごとに要約している。

由良はまた近世に発したルビの修辞学が、「黙読二国語性」と「手のこんだフォルム」を可能にし、日本語独自の表現力を高めたと分析する。

もう一つ、ルビについておもしろい例を見つけた。三遊亭円朝と同時代に活躍し、ライバルと目されていた柳亭燕枝口演の『島衞沖白浪』。この本、序文が木版で、本文が活版で刷られているように見える（図４・５）。版元は滑稽堂で、明治一六、一七年の発行。このこと自体が、橋口侯之介さんの、

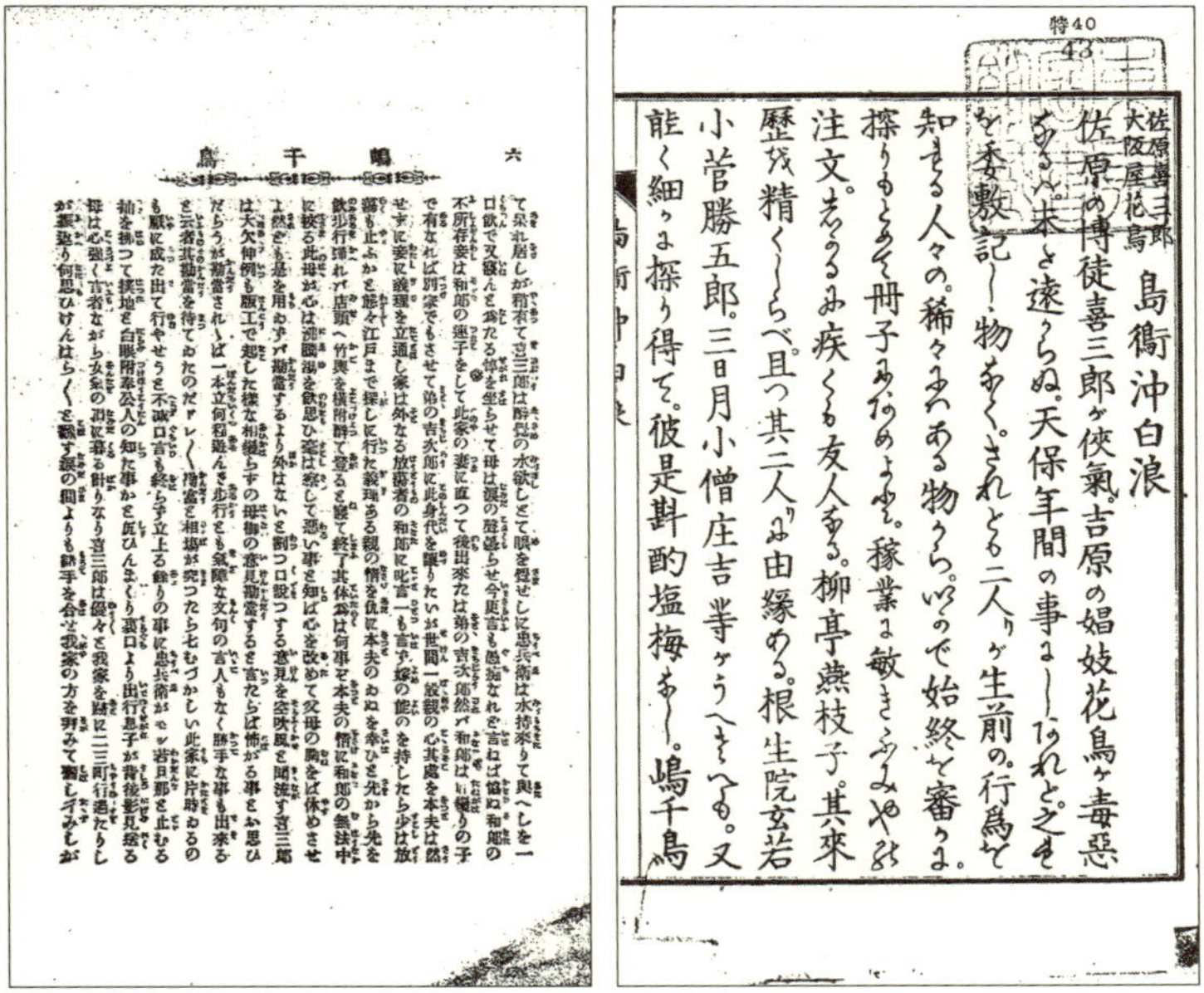

図4.5 『島衛沖白浪』
右が木版刷り部分、左が活版刷り部分。

和本が活版本にとって代わられる劇的な転換期をさす、いわゆる明治二〇年問題の見事な証左になっていることはいうまでもない。が、このような口演の速記録が、まずは新聞に連載され、二葉亭四迷らの言文一致運動を経て、漱石が呻吟した新聞小説の日本語につながっていくことを考えると、この燕枝の活版本に振られたルビは、音読されるために記された文字としての性格を色濃く持っているように思われる。

　とはいえ、ルビは単に漢字の読みを表す読み仮名としての機能を果たしていただけではない。今野真二さんが『振仮名の歴史』（集英社新書、二〇〇九年）で、サザン・オールスターズの歌詞カードからの卓抜な例をあげている。

合図《サイン》
手の掌《ひら》
匂艶《にじいろ》
あるがまま《let it be》
偉人《ひと》
永遠《とわ》
運命《さだめ》
soda《ソーダ》

今野さんは、このようなルビの用いられ方の変化を、「当初振仮名は『読み』として発生したが、次第に『表現』としても使われるようになり、そうした意味合いにおいて、振仮名の機能が拡張されたと考えている」として、基本的には機能性の変化として捉えている。しかし、滝沢馬琴の『南総里見八犬伝』の例をあげて、「振仮名の『あり方』をすっきりとした機能性からばかり説明しようとしない方がよいことになる」との留保条件を置くことで、マニエリスム的な視覚表現の重要性を指摘することも忘れない。

先にあげた由良君美による黄表紙本の例から、サザン・オールスターズに至るさまざまなルビ表現は、近世において木版の豊かな表現力に支えられて育まれてきたものが、明治期の活版技術導入の過程でルビ活字を人力で彫ることの物理的な制約から一旦は衰退し、写真植字技術やデジタル技術の進展によって再び蘇ったと捉えることもできるだろう。

ＥＰＵＢ3規格化の際、ルビにおける小書きの仮名の扱いをどうするかがおおいに問題となった。明治以降の活版印刷の伝統では、ルビに小書きの仮名は用いない。そもそも、人手による彫刻の限界から、ルビ活字には小書きの仮名は存在していなかった。そのような物理的な制約が、写植やＤＴＰの時代になっても、ある種の伝統として墨守されてきた。一方、ＥＰＵＢは、デイジーとの融合を指向しており、視覚障害をもった人のための音声による読み上げ機能をとても重視する。ルビを読み仮名として捉え、音声読み上げのヒントに利用しようと思うと、当然、拗促音は小書きの仮名で表してほしい。

結果的には、テキストの音声読み上げを十全に行なうためには、ルビだけでは情報として十分でなく、読み上げのためのより完備した辞書が必要であることから、ルビを音声読み上げのヒントとして用いることはなかったが、ＥＰＵＢ3での議論は、はしなくもルビという日本語の伝統的な視覚的表現技法が担ってきたさまざまな機能を際立たせることとなった。すなわち、われわれはルビによってどういう情報を表現しようとしてきたのか、そして、ネットワーク化されたデジタル環境において、そのような情報はどのような技術的手段で表現されるべきなのか。

＊＊＊

中野さんが残した未来の書物への課題は、多岐にわたり、そして、重い。

あとがきに代えて

以上は、ユニコードと並んでぼくの活動のなかで大きな比重を占める、電子書籍をめぐる出来事の記録だ。

とはいえ、ぼくの電子書籍へのかかわり方は、断続的かつ一面的なものだったと言わざるを得ない。したがって、この記録も、ある種断章的なものとならざるを得なかった。まず、このことをお断りしておく。

本来はここに記すべき本書成立過程の一部は、第4章（とくに6節「そして、共観年代記へ」）に記してしまった。物語を書いている自分と、その対象となる自分がいつの間にか混ざり合ってしまった、といった塩梅《あんばい》。ミヒャエル・エンデの『はてしない物語』をちょっと思い出した。書物とは、書くという意味でも読むという意味でも、やはり人間の歩みそのものなのだろう。

第3章のタイトルがそのまま本書のタイトルになっていることに違和感を覚える方も多いだろう。先に記した浦山さんのゴリ押しの所以だが、劇中劇のタイトルがそのまま全体のタイトルになる例はいろいろありそうだ。ぼく的には、リヒャルト・シュトラウスのホフマンスタールとの共同作業『ナクソス島のアリアドネ』を気取ったつもり。

本書が成るには多くの人たちとのかかわりと、先行する多くの資料の存在が欠かせなかった。まず、名前を挙げなければならないのは、村田真だろう。繰り返しになるが、悪友には敬称はつかない。

親しい人たちとともに会うと、村田真とはいつも罵詈雑言の応酬になる。ぼくが「村田真なんて大っ嫌いだから」と言うと、村田真は「まあ、小林さんに無視されるよりも、ずっとマシだけどね」なんて答えるといった調子。

自宅のピアノの上に、二つのクリスタルボードが飾ってある。一つは、前著『ユニコード戦記』を出版したとき、還暦祝いも兼ねて、村田真が木田泰夫さんと二人で贈ってくれた。もう一つは、『日本語組版処理の要件』出版記念会の折、タスクフォース全員分のボードを準備してくれた。ぼく的にはあまり認めたくないが、村田真って、じつは思いっきり仲間思いのヤツなんだな。そんな気質が、国際標準化活動のドンパチの場で、世界中の仲間たちからの厚い信頼を産んでいるんだろうな、悔しいけれど。

鎌田博樹さんとの付き合いも長い。「大地」の開発にかかわりはじめたころ、ＤＴＰ関連の専門的ニュースレターを発行していたこともあって知遇を得た。鎌田さんも、世間一般の履歴書的な尺度では、どう紹介していいか戸惑うばかりだ。いま読み進めている吉川英治の『三国志』（もちろん青空文庫版）が思い浮かんだ。『三国志』には、だれに仕えるでもなく無位無冠でありながら古今の万巻の書に通じ、知謀に長けた在野の賢人が少なからず登場する。鎌田さんは、そんな大陸的な賢人を彷彿とさせる。

ＥＰＵＢ３・０が発行された直後から、関係者の一部に、ＥＰＵＢ３・０制定をめぐる次第を記録として留めておく必要がある、という認識が共有されていたようだ。下川さんの発案だったと仄聞するが、版元も決まらないままに、そんな鎌田さんに白羽の矢が立った。鎌田さんは、村田真への直接のインタビューも含めて、精力的に取材をかさね、まさに「ＥＰＵＢ戦記」のタイトルでご自身が主宰する EBook 2.0 フォーラムに何本かの記事を掲載された。ＥＰＵＢ発行後さほど時間も経っていなかったこともあり、臨場感溢れるとてもいい記事に仕上がっている。「ユニコード戦記」のタイトルを真似たことへの言い訳も含め、ぼくへの言及も散見される。この鎌田版「ＥＰＵＢ戦記」が一本の従来型書籍としてまとまっていないことは、それが意図的なものか不本意なものかは措くとしても、ぼくは少しもったいないような気がしている。本書の記述の多くは、直接・間接を問わず、多くをこの鎌田さんのこの記事に負っている。

矢野直明さん、及川明雄さんには、前著に引き続き全体に目を通していただき、練達の編集者・校正者としての厳しいまなざしとともに、あたたかくも身に余るコメントも頂戴した。このお二方は本文にも登場している。ちょっと筆が滑って礼に失するところがあるやもしれない。ご寛恕を乞う次第。

イースト社長でＪＥＰＡ副会長の下川和男さんにも全体を通読していただき、事実関係の誤謬などを正していただいた。じつのところ下川さんは、村田真の物語の黒幕というか仕掛け人というか、ＥＰＵＢ３・０制定とその周辺の事情の裏の裏にまで通暁している。それだけでなく、ＪＥＰＡの初期のころからずっと日本の電子出版を製品開発やビジネス面でも引っ張ってきた、一方の立役者といっていい存在だ。下川さんは、その人柄もあって、本書で触れることのできなかった多くの方々の働きについて示唆してくれた。ぼく自身の目を通した記録という本書の性質上、下川さんの示唆すべてを反映することはできなかった。下川版ＥＰＵＢ戦記も共観年代記で読んでみたい気がする。

山口琢さん。書き終わってみると、琢ちゃんもやっぱり貴重な戦友だと思う。ヒデキや村田真とも付き合いがあり、デジタルネットワーク環境で日本語を読むことと書くことについての問題意識を、ぼく以上に持っている。そして何よりも手が動く。JLreq のときもそうだったが、彼の実装による環境支援がなければ、本書がこのような形になるのは困難だっただろう。

金沢美由妃さん、村上真雄さん、木田泰夫さん、石井宏治さん、林陸奥広さん、清田義昭さんからは、直接話をうかがい、ぼくの思いちがいや記憶の穴を埋めることができた。

安斎利洋さん、西田裕一さんには、常軌を逸した長い引用を快くお許しいただいた。

井芹昌信さんからは、ぼくの知らなかった柚口篤さんの経歴や人となりについて、貴重なご教示をいただいた。

小林敏先生、小野澤賢三さん、フェリックス佐々木、リチャード・イシダ、そしてエリカからのＪＬＴＦのメンバーたち。つくづくいいチームだったと思う。それぞれが、それぞれの専門的知識と技量を最大限に発揮しながら、他のメンバーの専門性へのしなやかな尊敬をけっして忘れることがない。ぼくは、このチームの一員だったことを心から誇りに思う。

長谷川秀記元会長、関戸雅男会長、三瓶徹事務局長をはじめ、ＪＥＰＡの方々には直接・間接に多くのご教示とご支援をいただいた。JEPAの歴史は日本の電子出版の歴史そのものだといっても過言ではなかろう。本書を記していても、しばしばぼくの電子出版とのかかわりに占めるJEPAの影響力の大きさを痛感させられた。

JEPAからIDPFのディレクターに立候補する際には、JEPAフェローというちょっとおもはゆい肩書きを用意していただいた。JEPAフェローには、その後、上智大学の田村恭久さん、元国立国会図書館の中山正樹さんが加わり、ぼく的にもこの肩書きに誇らしい気持ちを抱くようになっている。立候補の際、ご挨拶と打合せを兼ねて、研究社の社長室に関戸さんを訪ねた。関戸さんは、四半世紀も前、マンデルネット86の参加者に記念として配ったマンデルブロー集合画像のプリントアウトを、わざわざご自宅から持ってきて見せてくださった。ぼくの手元からはいつの間にか散逸していたもので、ものすごく懐かしい思いを抱いた。

二〇一二年のJEPAの忘年会では、ぼくの電子書籍史みたいな話をする機会を与えられた。パーティの席で、思いもかけず多くの方からおもしろかったという感想を頂戴し、本書を書きはじめる蛮勇を鼓舞された。本書の大筋は、おおむねこのときの話の流れに沿っている。

JEPA初代会長の前田完治さんにも多くご教示をいただいたが、すでに鬼籍に入られた。著作権法を深く読み込み、そのうえで印刷会社と出版社との物理的な紙型管理についての商習慣を踏まえて、版面権について明晰に論じておられたころの面影が今もありありと目に浮かぶ。

柚口篤さんもそうだが、澤田善彦さん、電子書籍コンソーシアムの最初期の会長を務められたオーム社の佐藤政次社長など、本書に登場する方々の多くが鬼籍に入られたことにいささか驚愕の念がある。澤田さんとは、久々にお目にかかりたいと思い、日時まで約束していたのに、直前になって体調不良とのことで直接お断りの電話をいただいた。それが、謦咳に接した最後となった。

そして、中野幹隆さん。本書を中野さんに献げたいと思う。中野さんから残された課題に対する、ぼくなりのささやかな中間報告として。残された多くの課題は、本書を読んでくださった次の世代の読者に託されることとなる。


前著に引き続き、浦山毅さんが担当編集者として本書に形を与えてくれた。共立出版で『bit』の最後の編集長として別冊『インターネット時代の文字コード』をともにつくって以来、東京電機大学出版局時代の『ユニコード戦記』と『日本語組版処理の要件』を経て、慶應義塾大学出版会に移ってからも浦山さんはつねに最良の併走者でいてくれる。


【付記】

本書の初校が出校されたあとにも、電子書籍や日本語組版技術をめぐるニュースが次々と入ってくる。どこかで踏ん切りをつけて、擱筆しなければならないのだが。

二つだけ。

小野澤賢三さんから、編者の布施茂さんの訃報とともに『技術者たちの挑戦 ―写真植字機技術史―』（創英堂／三省堂書店、二〇一六年）を贈っていただいた。写研の常務を永く務められた布施さんとは、かつてフォントの知的所有権をめぐる委員会でご一緒しただけだったが、その高名はユズさんを含め多くの人から漏れ聞いていた。石井茂吉の下で直接開発に携わった、おそらくは最後の世代だった布施さんが残してくれた記録は、将来の日本語書記技術論研究にとって大切な礎石として残ることだろう。光栄なことに、『日本語組版処理の要件』にも、その表紙写真とともに言及していただいている。ご冥福を祈る次第。

Ｗ３ＣとＩＤＰＦは、二〇一六年五月一〇日、シカゴで、双方の組織を統合する方向で調整を進めていることを公式に発表した。専務理事のビル・マッコイやＣＴＯのマーカス・ギリング、そして村田真らＩＤＰＦ幹部が、ＥＰＵＢとＷ３Ｃの諸規格との整合性を担保することに腐心しつづけてきたことは、本書でもたびたび触れた。一方のＷ３Ｃも、インタレストグループを結成して活発な議論を展開するなど、電子出版分野に対しては並々ならない関心を抱いている。その一端が、本書でも触れた東京でのワークショップ開催にも表れている。商業出版のみならず、ｅラーニングや公的文書の発行保守も含め、書物をめぐる技術とインターネット上のドキュメンテーション技術の融合は、改めて繰り返す必要がないほど自明なことであり、その前提のうえでＷ３ＣとＩＤＰＦの利害がさまざまな接面で一致した、ということなのだろう。

この地球規模での動きが、日本の出版業界にどのような影響をもつか、ぼくにはにわかには判断がつかない。しかし、Ｗ３ＣとＩＤＰＦ両者の動きの背後にある、書物とウェブドキュメントの融合という大きな地核変動に真摯に向き合うことなしに、日本の出版業界の明るい未来が拓けるとは、ぼくにはとうてい思えない。そして、中野さんが希求してやまなかった書物の未来の姿が、この地殻変動の向こうに見えてくることを願うばかりだ。

【著者紹介】
小林龍生（こばやし・たつお）
1951年生まれ。東京大学教養学部教養学科科学史科学哲学分科卒業。小学館編集部、ジャストシステムデジタル文化研究所を経て、有限会社スコレックス設立。現在、同社取締役。元 Unicode Consortium Director、元 International Digital Publishing Forum Director。情報処理推進機構専門委員、日本電子出版協会フェロー、文字情報技術促進協議会会長など。

EPUB《イーパブ》戦記　——電子書籍の国際標準化バトル

2016年8月20日　初版第1刷発行

著　者————小林龍生
発行者————古屋正博
発行所————慶應義塾大学出版会株式会社
〒108-8346　東京都港区三田2-19-30
TEL〔編集部〕03-3451-0931
〔営業部〕03-3451-3584〈ご注文〉
〔　〃　〕03-3451-6926
FAX〔営業部〕03-3451-3122
振替　00190-8-155497
http://www.keio-up.co.jp/
装　丁————辻　聡
印刷・製本——萩原印刷株式会社
カバー印刷——株式会社太平印刷社

Printed in Japan　ISBN 978-4-7664-2363-1

事項索引

【あ行】

【た行】

【な行】

【は行】

【ま行】

【や行】

【ら行】

【わ行】

人名索引

参考文献

1963 年

- 「情報産業論」，梅棹忠夫，放送朝日〔『情報の文明学』（中公文庫 1999 年）所収〕

1969 年

- 『知的生産の技術』（岩波新書），梅棹忠夫，岩波書店

1984 年

- “A History of Writing”, Arbertine Gaur, British Library〔1992 年に Revised Edition〕
- 「生涯をかけた一冊」，紀田順一郎，新潮社〔『著作集第 6 巻』（三一書房 1997 年）所収〕

1987 年

- 「おもいっきりデスクトップ・パブリッシング」，矢野直明，『別冊科学朝日』（ASAHI パソコンシリーズ）1987 年 10 月号，朝日新聞社
- 「編集後記」，村松武司，『数理科学』昭和 62 年 5 月号，サイエンス社

1991 年

- 『パソコンと私』，矢野直明，福武書店
- 「電子聖書　—テキストの新スペキエス—」，『季刊哲学』12，哲学書房

1993 年

- 『MS-DOS は思考の道具だ』，黒崎政男，アスキー
- 『ワープロ作文技術』（岩波新書），木村泉，岩波書店

1997 年

- 『書物としての新約聖書』，田川建三，勁草書房

1998 年

- 『日本語書記史原論』，小松英雄，笠間書房〔補訂版新装版 2006 年〕
- 「ネットワーク社会でのルビの再評価　—HTLM，Unicode に即して—」，小林龍生，情報処理学会情報メディア研究会〔予稿〕
- 『XML 入門』，村田真，日本経済新聞社

2004 年

- 「「本」のために「コンピュータ」は何ができたか？」，『本とコンピュータ』2004 年秋号（第 2 期 12 号），大日本印刷 ICC 本部

2005 年

- “Robust Vertical Text Layout and CSS Text: Using the Unicode BIDI Algorithm to Handle Complexities in Typesetting Multi-script Vertical Text”, Elika Etimad, Proceeding of International Unicode Conference, Berlin
- “Enhancing Unicode Expression with InterLinear Annotation and Replacement Characters”, Tatsuo Kobayashi, Proceeding of International Unicode Conference, Berlin

- 「だれでも三冊の本が書ける」，紀田順一郎，『一太郎文藝の世界』〔ワープロソフト「一太郎文藝」（2005 年発売）に付属〕

2007 年

- 「Parallel Naratology 試論　―ハイパーテキストにおける相互参照の観点から―」，山口琢・小林龍生，情報処理学会デジタルドキュメント研究会（予稿）
- 「中野幹隆の死」，小林龍生，『新潮』2007 年 5 月号，新潮社

2009 年

- 『振仮名の歴史』（集英社新書），今野真二，集英社

2010 年

- 「デジタル・ネットワーク社会における出版物の利活用促進のための外字・異体字利用環境整備調査」，凸版印刷，経済産業書委託調査報告書

2011 年

- 『和本入門』（平凡社ライブラリー），橋口侯之介，平凡社
- 『江戸の本屋と本作り』（平凡社ライブラリー），橋口侯之介，平凡社
- 『和本への招待』（角川選書），橋口侯之介，角川書店
- 『ユニコード戦記』，小林龍生，東京電機大学出版局

2012 年

- 『日本語組版処理の要件』，W3C 日本語組版タスクフォース，東京電機大学出版局
- 『百年前の日本語』（岩波新書），今野真二，岩波書店
- 「電子出版」への政府の取組と展望，松田昇剛，『テレコミュニケーション』2012 年 10 月号（Oct-12），リックテレコム
- 「EPUB3：電子書籍フォーマット」，村田真，『情報処理』Vol.53, No.12，情報処理学会
- 「電子書籍フォーマット EPUB と日本語組版から」，村田真，『情報管理』55 巻 1 号，科学技術振興機構

2014 年

- 「EPUB におけるルビの実現　―日本語書記技術論の視座から―」，小林龍生，『情報の科学と技術』Vol.64, No.11，情報科学技術協会

2015 年

- 「共観年代記に向けて」，鎌田博樹・山口琢・小林龍生，情報処理学会デジタルドキュメント研究会（予稿）
- 「文節間改行レイアウトを有する日本語リーダーの読み効率評価」，小林潤平・関口隆・新堀英二・川嶋稔夫，人工知能学会論文誌

2016 年

- 「日本語書記技術論のすすめ」，小林龍生，『コンピュータソフトウェア』Vol.33, No.3，日本ソフトウェア科学会